Work rules for women who can afford

モヤモヤした悩みから抜け出そう!

“心に余裕がある女性”の仕事のルール

大嶋博子

同文舘出版

はじめに

「もっと余裕を持ちたい！」

こう口にする働く女性が今、激増しています。

幾度かの法律改正を経て、現代の女性は活躍の場を手にしました。

一方で、時間や量、プレッシャーという仕事の負荷は確実に増加しています。

そんな中で、多くの女性はもがいています。

・真面目な頑張り屋
・空気を読み、気遣いばかりして〝いい子〟になっている人
・力をつけて成長したいと思っている人
・仕事だけではなく、プライベートの充実や女性としての幸せもほしい人

そんな女性たちに共通しているのは、「自分をあきらめたく

ない」という気持ち。

そして彼女たちが口を揃えて言うのが冒頭の言葉です。

やる気も能力も十分にあるのに、余裕のなさに押し潰されて、前に進めない人やあきらめてしまう人をこれまでにたくさん見てきました。

そうした女性たちの憂いのある表情を、どこかで見た気がしました。

そう、それはかつての私だったのです。

申し遅れました。

大嶋博子と申します。企業で働く方々に研修をしています。

先生と呼ばれる仕事をしていると、難しい知識とか、すごい技術があるのかと思う方もいらっしゃるみたいです。

確かにそういったことを教えている講師の方も世の中にたくさんいますが、私が教えているのは、その手前の段階です。

習得した知識や技術を使うための、〝やる気〟を育てています。

知識や技術を知っていても、やる気を出して実際にそれを使おう、と思わなければ行動に結びつくことはありません。

私が目指している受講生の姿、それは、〝笑顔で働くこと〟です。

会社は社員にたくさんの期待を持っています。こんな仕事をしてほしい、こんな業績を上げてほしい、こんなふうに育ってほしい、などなど。

その期待はよくわかります。でも、それを実現するのは社員一人ひとりなのです。

私は研修の前に、できる限り研修先企業の現場へ視察に行くのですが、ある販売店に行った時、そこにいるスタッフの多くが無表情なことにドキリとしました。ふとした瞬間に見せる楽しくなさそうな顔を見て、これではスタッフ自身もお客様も、そして会社も、誰も幸せになれないと思いました。

社員の笑顔は仕事へのやる気のバロメーターです。

せっかく仕事をやるのなら、納得して、充実した時間を過ごしてほしい。それが自分自身のためであり、接するお客様のためであり、ひいては会社全体のためになるのです。

そんなことから、私は机上の空論ではない「やる気の出し方」と「効果がある実証済みのやり方」を主に教えています。


ここで、私がなぜ「教える」という仕事をするようになったのかをお話しします。

20代の頃、私は旅行会社で修学旅行の営業の仕事をしていました。

負けず嫌いな性格もあって、私なりに結構頑張っていました。運動部で鍛え上げてきた体力と根性は、人並み以上あると自負していました。

ところが、実際にやってみると仕事の世界はなかなかヘビーなものでした。

・頑張っているのに結果が出ない、評価してもらえない
・人間関係がうまくいかなくてつらい
・会社や上司に理不尽さを感じてしまう
・心も仕事も目いっぱいで余裕がないのに、不器用で人を頼れない

元気が売りだったはずの私が、そんな毎日に押し潰されそうになっていき、しかも仕事の大きなトラブルに巻き込まれ、もうここまでだ、これ以上は無理、もう頑張れない、これが人生のどん底というものなのだろうか、と思った時、私の人生を大きく変える出来事があったのです。

それが、のちに私の師匠となる人の研修でした。その研修が、私の心にまっすぐに刺さり、そのおかげでもう一度頑張ってみようと思えたのです。

その時に教えてもらったのは、一言で言うと「余裕のつくり方」だったと思います。私たちはどんなに能力があっても、想いや夢があっても、自分を突き動かすやる気や元気がなければ、それを活かすことはできません。

研修のおかげで心の余裕を取り戻した私は、仕事のやり方、人とのかかわり方、現実の捉え方などいろいろなことを実践してみました。すると、本当に結果が変わってきました。

この時の経験がなければ今の私はありません。

これで再起した私は3年後、納得できる結果を出したところで会社を卒業させてもらい、その後、その講師の弟子となり、今の仕事をはじめたのです。

あれから20年、これまで8万人以上の方々と研修でご一緒させていただきました。研修をしている中で、思っていた以上に私と同じような悩みにぶち当たって苦しんでいる20代後半から30代の女性がたくさんいることを知りました。

特に、今の時代、女性は大きな変化の時を迎えています。時代は女性活躍を推し進め、追い風が吹いているようですが、現実はまだまだ大変です。たくさんの女性がこの先の自分の生き方に悩んでいます。

でも、顔を上げれば、違う景色が広がっています。
そんな景色に気づくためのきっかけ、あなたの人生を、そして仕事の仕方を変えるヒントを、ぜひ本書で見つけてください。

さぁ、一緒に動き出してみませんか？

モヤモヤした悩みから抜け出そう！
〝心に余裕がある女性〟の仕事のルール

目次

序章

余裕を奪う原因を探そう

1章

余裕のある女性の「まわりの人の巻き込み方」

Question

2章

余裕のある女性の「言いにくいことの伝え方」

Question

3章

余裕のある女性の「時間をコントロールする力」

Question

4章

余裕のある女性の
「頭と心の切り替え方」

5章

余裕のある女性の
「未来を創るトレーニング」

カバーデザイン　高橋明香（おかっぱ製作所）
本文デザイン・DTP　松好那名（matt's work）
カバー・本文イラスト　ノダマキコ

序章

余裕を奪う原因を探そう

余裕を失うと損をする

先日、ある有名なカメラマンに写真撮影をしていただきました。売れっ子芸能人の写真もたくさん撮ってきた凄腕カメラマンだったのですが、一番の驚きはその洞察力でした。
初対面にもかかわらず、私が自覚していない緊張状態や、性格などを見抜いてきたのです。「目に緊張感が表われているよ」とか「呼吸が浅くなってきたから気をつけて」など、過去の写真撮影では言われたことのないアドバイスがたくさんあったので、びっくりしました。そのおかげで自分の状態に気づくことができ、結果としてリラックスした撮影になりました。

私たちは日々、余裕のない状態に陥ることがたくさんあります。そして、そのほとんどは**無意識、無自覚**です。
もし、その余裕を失った状態に気づかないままだったら……、知らないうちにたくさんの損をしているのかもしれません。

例えばこんなことがあるでしょう。

・顔が緊張でこわばり、まわりから感じが悪い、怖い人だと誤解される
・時間に余裕がない中で常にイライラしてしまう
・本当は完璧にできるはずの仕事でも、心や時間に余裕がないためにミスしてしまう
・将来の不安に駆られて、モチベーションが下がる

実にもったいないですよね。なぜならば、本来ならできるはずのこと、手にすることができる成果を手放してしまうことになるからです。

逆に考えれば、自分の意志で余裕をつくり出すことができたら、仕事もプライベートも、つまり人生が今以上に望ましいものになる、ということでもあります。

本書は、そんな**「余裕のある働く女性」を目指すあなたを応援する本**です。

あなたの心を苦しめているのは何ですか？

まずは余裕を奪っている原因をはっきりさせることからはじめましょう。

見えない敵と戦うことほど疲れることはありません。何が私たちの余裕を奪っているのか、それがどうすれば変わるのかをつかむのです。

つまり、**「今、自分の気持ちや状況はどうなっていて、それがどのようになればいいのか」という現状を整理整頓する**ことからはじめます。

その中でも大切なのは、**自分の心に一番引っかかっているのは何か**を明確にすることです。同じ状況だとしても、それが不快かどうかは人によって違います。だからこそ、目の前で起きている出来事だけではなく、その出来事の何が自分の余裕を奪っているのかを知る必要があります。

本当の原因を見つけよう

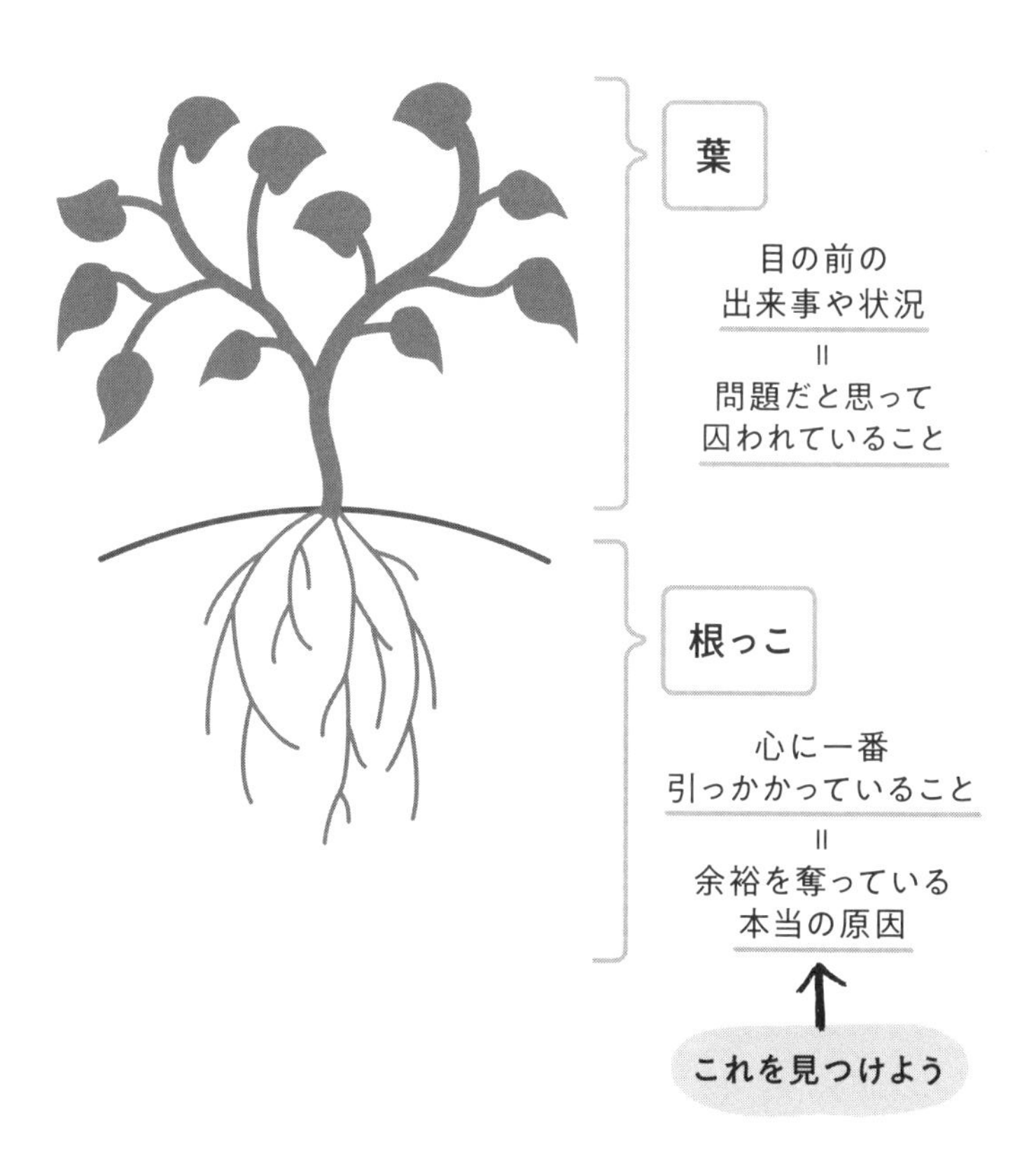

例えば、雑草が生え放題の土地があるとします。その雑草が目の前の問題だとしたら、地表に出ている葉っぱの部分をいくら刈り取っても、根っこが残っていたらまたすぐに生えてきてしまいますよね。

つまり、問題は根っこから引き抜く必要があるのです。この**根っここそ、あなたの心に引っかかっている余裕を奪う〝モト〟**なのです。

考えなければならないのは、悩んでいる出来事の中でも、「何が一番嫌なのか」ということです。

心に引っかかっている根っこを探す時は、**「なぜ？」を繰り返していく**と効果的です。

例：他の人からの急な仕事の依頼が多く、自分のペースが乱される

【なぜそれが問題なのか？】

本来する予定の仕事が遅れたり、残業になったりする

⬅

【なぜそれが問題なのか?】

人に振りまわされてばかりで、自分でコントロールできないのが嫌

⬅

【この状態が続くとどんな困ったことが起きるのか?】

イライラしてミスをしてしまうかも(まわりに迷惑をかけたくないし、自分も嫌)

⬅

【他にどんな嫌なことが起こるか?】

いら立つことでまわりの人との関係が悪くなるかも(和やかな人間関係の中で仕事をしたい)

このように何回か「なぜ?」を繰り返し、さらにその先の影響を問いかけたり、その範囲を広げたりすることで、自分が一番嫌だと思っていることがわかってきます。

どんな時に自分の余裕がなくなるのかを知っておくのは、対処法を探す上でとても大きな効果があります。

余裕を奪う原因その1:
時間

ここからは、私たちの余裕を奪う原因のトップ3を見てみましょう。

そして、その対処法が本書のどこにあるのかをお知らせしますので、自分の状況に合わせて参考にしてください。

「余裕がない」と思った時に、真っ先に思いつくのは**「時間の余裕」**です。では、どんな時に時間の余裕がないと思うでしょうか。

①上司からの急な仕事の依頼

自分なりに段取りをつけながら必死に仕事をしている時に、上司から声がかかる……。もうこれだけで嫌な予感しかしない、という人もいるかもしれません。そんな時に限って、急ぎの仕事を振られたりするものです。

心の声:「えー。勘弁してよ。こっちも仕事いっぱいなの、見ればわかるでしょ」

実際の声：「はい……。わかりました」

組織で働く以上、上司から頼まれた時にきっぱり断ることができる人ばかりではありません。おそらく引き受けてしまう人のほうが多いと思います。

では、この状況で、あなたが一番嫌なのは何なのかを、次の「心の引っかかりポイント」を参考に考えてみてください。

心の引っかかりポイント

・自分の思った通りに仕事が進まないのが嫌だ
・人の状況も考えないで仕事を振ってくるその無神経さが許せない
・仕事が遅れたりしたら、まわりの人に迷惑をかけてしまう
・断り切れずにまた背負い込んでしまった、そんな自分に落ち込む

何が嫌なのかは人によって違います。まずは自分の一番のストレス原因がはっきりするだけで、戦うべき敵が見えたことになります。これだけでもかなりすっきりする

はずです。

原因について、嫌であればあるほど、「何とかしたい！」というモチベーションにつながります。

では、これが解消された毎日を想像してみましょう。かなり気持ちが違います。そして、人間関係も仕事も成果もきっと変わってくるでしょう。


⬇解決のヒントは、2章「余裕のある女性の『言いにくいことの伝え方』」

②果てしない残業

毎日遅くまで残業が続くと、「いつまでこんな毎日が続くんだろう……」「忙しさが当たり前になっていて、いつも何かに急かされている気分……」と不安に思ったりしますよね。「働き方改革が進んだとはいえ、うちの職場はまだまだだ」という人もいるかもしれません。

私も営業をやっていた頃、外まわりを終えて会社に帰る途中、世間の人たちが続々と帰路につく流れと逆行している時、「こんな時間でも会社に向かう自分って何なのだろう……」とよく思っていました。

心の引っかかりポイント

・仕事しかしていない毎日で心が殺伐としてくる
・平日の長時間労働で疲れて、休みの日も活動する気になれない
・体がすっかり疲れている

⬇解決のヒントは、3章「余裕のある女性の『時間をコントロールする力』」

③段取りが悪く、仕事のスピードも遅くて終わらない

これは若手の方からよく相談されるお悩みです。**自分で仕事をまわしきれず、どんどん溜まってしまって、悪循環のスパイラルに陥っている人**も多いですね。

心の引っかかりポイント

・まわりに迷惑をかけてしまう
・1日の終わりになると、「今日も仕事が進まなかった」と落ち込む
・納得のいく仕事の仕上がりにならず、成果が出せない
・残業が許されずに帰らなければならず、終わらせたいのに仕事が溜まっていく
・仕事が終わらないので、自分の他の予定をあきらめなければいけない

もし、若手でこの悩みを抱えている方は、ぜひ今のうちに解決方法を身につけておきましょう。なぜなら、結婚や出産、さらには介護など、将来的にワークライフバランスの〝ライフ〟のウェイトが高くなる時期を迎えた時に、想像以上に大問題になるからです。

⬇解決のヒントは、3章「余裕のある女性の『時間をコントロールする力』」

余裕を奪う原因その2:心

お悩みの第2位は**「心の余裕」**です。
研修のアンケートでも、「心の余裕がなくて、毎日がつらい」という声がたくさん寄せられます。
実は、ここが解決されると、**毎日の仕事が劇的に楽になります。**
さらに言うと、この原因がすっきりすると、仕事そのものや人間関係へのモチベーションも上がるので、相乗効果が極めて高い分野でもあります。

①将来が見えない(キャリアについて)

新人として仕事をはじめた頃は、「とにかく一所懸命に言われたことをやる」という毎日です。そして、入社して2~3年を過ぎると、大体仕事の内容がわかってきますね。そうすると、この悩みを口にする人が増えてくるのです。

心の引っかかりポイント

・私はいつまでこの仕事をするのだろう。10年後も同じことをしている自分は嫌だ
・この先、自分がどうなっていくのかがまったくわからない
・結婚したら今のように働くのは無理なのでは。家庭との両立に自信がない
・このままでは年齢を重ねた時に、自分のキャリアが築けないのではないか
⬇解決のヒントは、5章「余裕のある女性の『未来を創るトレーニング』」

②ひとりで抱え込んでしまう（人間関係）

これは**真面目に頑張る人ほど、よくあること**です。責任感を持って、きちんとやり遂げようとする、それはとても大切なことです。

しかし、ひとりで抱え込んで誰にも頼らず孤軍奮闘してしまう。でも、結果として仕事の成果が今ひとつだったり、期日に間に合わなかったり、もしくはそれを達成するために頑張りすぎてますますつらくなる、なんてことになりかねません。

こうしたことを解消するために、自分の心にブレーキをかけているのは何なのかを考えましょう。

心の引っかかりポイント

・まわりの人も忙しそうで頼みにくい。迷惑かけて嫌われたくない
・上司が自分の状況を理解してくれていない
・頼むために仕事を整理をする時間もなく、正直、頼むこと自体が面倒
・頼めるような相手がいない

多くの場合、人に頼めないのは相手のせいではなく、自分のせいだったりします。自分ひとりでできることには限界があります。まわりの人と手を組むのは、楽をするということではなく、いい仕事をするためだと考えましょう。

⬇解決のヒントは、1章「余裕のある女性の『まわりの人の巻き込み方』」

③自信が持てない（仕事の能力について）

研修をしていて受講生と話をしていると、「自分自身を過小評価しているな」と思うことがしばしばあります。一所懸命に頑張り、まわりにも気を遣い、人を助けているような人に限って、自分に自信がなかったり、存在価値を感じていないことが多いものです。

心の引っかかりポイント

・まわりの人と自分をつい比べてしまい、落ち込む
・自分は必要とされていないのではないかと思う
・まわりに迷惑をかけて、このままでは嫌われると思うと怖い
・この仕事に向いていないのでは、と思う

こうしたことを考えやすいという性格を変えなければいけない、というわけではありません。しかし、頑張っている自分を認めてあげたほうが、前に進む力は出ます。

⬇解決のヒントは、4章「余裕のある女性の『頭と心の切り替え方』」

余裕を奪う原因その3：体

女性は日々のストレスや無理が、体にさまざまなサインとなって現われることがあります。

よい仕事をするためには、体が整っているほうがいいのは言うまでもありません。

私も若い時は仕事に没頭して無理し続け、自分の体にはあまり気を配りませんでした。その結果、20代後半のある日、突然顔にひどいアトピーが出て、メイクもできないくらいの状態になってしまったことがあります。

ここでは、ちょっと立ち止まって、自分の体のサインと向き合ってみましょう。

①疲れ・睡眠不足

遅くまで働くなど、時間との兼ね合いがうまく取れていなかったりして、無理を重ねていませんか？　慢性的に体に疲れが残る状態が続くと、心まで疲弊してしまいます。

特に、睡眠は大事です。最近は睡眠に関する書籍もたくさん出ていますが、人生の3割程度は眠っているわけですから、その質を上げることによる効果は大きいと思います。

心の引っかかりポイント

・疲れて休みの日も動けない
・体を壊したらどうしようと不安
・いつも目覚めが悪い。体調を崩しやすくなった
・そんなに無理して頑張りたくない

若いうちはある程度の無理をしても何とかやっていけると思いがちですが、それが積み重なってくるとなかなかリセットができなくなります。早い段階から気づいてケアできるといいですね。

⬇解決のヒントは、3章「余裕のある女性の『時間をコントロールする力』」、4章「余裕のある女性の『頭と心の切り替え方』」

②加齢

これだけはどんなに努力しても避けることはできません。私もこの数年、確実に体が変化してきたなと実感しています。

例えば、若い頃だったらできた徹夜ができなくなる（そもそもしないほうがいいですが）、目が悪くなる、更年期障害など、数えたらきりがありません。

まだ若い方は、こう言われると夢も希望もないように思えるかもしれません。でも、年を重ねるのもそんなに悪いことではないと思うのです。失うことへの恐怖がある一方で、失ったからこそできること、わかることもあります。そして、新たに得ることもあります。年を取るということは、意外と面白い！　と私は感じています。

加齢こそ、それをどのように思うか、捉えるかが大事です。

⬇解決のヒントは、4章「余裕のある女性の『頭と心の切り替え方』」、5章「余裕のある女性の『未来を創るトレーニング』」

③肌荒れ

女性の場合、肌はとても敏感なサインを出します。本項の冒頭でもお伝えしましたが、私も20代後半の頃、無理を重ねて肌がボロボロになっていました。

その頃、他の支店の同期の女性と久しぶりに食事をした時に衝撃的なことを言われました。「博子、どうしたの？　すっかりやつれてるよ。何だか老けたみたい……」。仲のよい人だったので率直に言ってくれ、おかげで私は自分がどんな顔をしていたのかにようやく気づきました。

肌にはストレスがてきめんに出ます。肌が荒れると、心も荒れる気がします。ちなみに、私は当時よりも今のほうが人から肌をほめられることが多くなりました。肌には心の持ち方も大きく影響するのです。

➡解決のヒントは、4章「余裕のある女性の『頭と心の切り替え方』」、1章「余裕のある女性の『まわりの人の巻き込み方』」（表情筋トレーニング）

モヤモヤを打ち砕く5つのキーワード

ここまで、多くの悩みをあげてきました。悩みの種は尽きませんが、その解決に役立つ5つのキーワードをまとめてみます。

①仲間

私たち女性は、自分の本音をわかってくれて、共感してもらうだけでもかなり気持ちが楽になります。本音で語り、頼れる仲間がいれば、仕事の負担もかなり軽くなるでしょう。

しかし、多くの方は、「相手にどう思われるか」、そして「相手に迷惑をかけたくない」という一心で、職場ではなかなか本音で語ろうとしないものです。

今はひとりで頑張れても、人生には自分だけでは頑張り切れない時期がやってきます（子育てや介護など）。

いかにまわりの人を巻き込んでいけるかが、今後のライフイベントを迎える際に、あなたらしく輝くために大切な要素となります。

②言いたいことが言える

これができたら、相当楽ですよね。言いたいのに言えないのには、2つの原因があります。

ひとつは**自分の心がブレーキをかけている**から、もうひとつは、**どのように言えばいいかわからない**からです。

自分のために、そしてまわりのためにも〝言いたいことを言える私〟になりましょう。

③時間

時間を味方につけられたら、毎日は変わります。ここは得意不得意が明らかに分かれるところです。ライフイベントを迎えた時、ますます時間はなくなっていきます。

今のうちに、ぜひ時間をコントロールする術を身につけましょう。

④心

私たちの心は、まわりの人や環境に振りまわされがちです。自分の心を自分でコントロールできるようになったら、人生は変わります。

私はこの分野のことを伝えるのが最も得意なのですが、研修でお伝えすると、多くの人はこのように言います。

「そんな考え方は知らなかった。もっと早く知りたかった」

そう、**「知っているかどうか」が大きい**のです。ぜひ本書で知ってほしい部分です。

⑤キャリア

とかく多様化と言われる今の時代ですが、「どのようにキャリアを積むか」「今後の仕事をどうしていくか」を決めるのは自分自身です。私自身、今まで山ほど悩み、進んできました。その中で気づいたり、わかったことをお伝えしていきます。

あなたがピンときたキーワードはありましたか？　では、共に「余裕のある女性」を目指して本書を読み進めてまいりましょう。

Let's answer the question.

Q1. あなたの余裕を奪う「心に引っかかっているもの」は何ですか?

→ 何が一番嫌なのか、「なぜ?」を繰り返して探りましょう。

Q2. あなたの時間を奪う原因は何ですか?

→ 若いうちに時間の使い方を習得しておくと、将来助かります。

Q3. キャリア、人間関係、仕事の能力など。あなたの心がストレスを感じるものは何ですか?

→ モチベーションにかかわる大切な心のケアをしていきましょう。

Q4. 疲れ、睡眠不足、加齢、肌荒れ。自分の体のサインに気づいていますか?

→ 女性特有の体のトラブルを起こさないためにも、仕事の仕方を見直しましょう。

Q5. モヤモヤを打ち砕く5つのキーワードで気になるものは何でしたか?

→ 仲間、言いたいことが言えること、時間、心、キャリア。自分に必要な分野を認識して本書を読み進めてください。

1章

余裕のある女性の「まわりの人の巻き込み方」

受け止める力

―人をジャッジしない聞く力―

「えー、どうして？　普通そんなことする？」

こう思うことって結構たくさんあると思いませんか？

例えば、日常のマナーのレベルがその典型ですね。子供がレストラン等で走りまわっていても注意しない親、電車の中でのお化粧の是非、満員電車の出入口付近に立ってどかないことをどう思うかなど。

すでにルール化されたものもありますが、自分が思っていることと違う振る舞いを見ると、「普通はこうしないでしょ」と思ってしまいがち。**人にはそれぞれ自分にとっての〝普通〟というものがあり、それと違うものは無意識に否定しやすいのです。**

先日、企業研修の担当者の方からうかがった話。新人が研修中のＯＪＴノートに「挨拶を毎日するのって面倒だと思う」と書いたとのこと。

〝挨拶を面倒〟と思う感覚にもついていけなかったそうですが、それ以上に、「もしそう思ったとしても、上司や人事の人間も見るノートに〝普通〟書くか？」と思ったのだそうです。

これと似たようなさまざまな事例が、新人が来るたびに語られます。

実は、この〝普通〟が人間関係の理解を妨げる大きな原因のひとつなのです。

◆自分の物差しを人に押しつけていませんか？

なぜそうなってしまうのでしょうか。

それは、**人には無意識に、自分を基準にして人を「ジャッジ」する傾向がある**からです。

みんなどこかで、自分の考えが正しいと思っていたり、もしくは無意識に自分が基準になっていて、それと違うものを見た時に「なんで？」と思います。

でも考えてみれば、自分と相手が違うのは当たり前のこと。なのに、私たちはどこかで無意識に「**相手にも通じるだろう、普通はこうだろう**」と、**自分の価値観を押しつけている**のです。

私がこれを深く実感したのは、海外に住んでいた時でした。夫の仕事の都合で、タイに4年ほど住んでいたのですが、まわりは自分と異なる民族で顔立ちも違います。もちろん言葉も文化も習慣も違います。そうすると、最初から「伝わらないかも。理解されていないかも」という前提でコミュニケーションを取るのです。相手の理解度を確かめようと反応をよく見たり、誤解が生まれないように言葉を丁寧に補ってみたりします。

そこでハッとしました。

日本にいた時は、こんなに意識してコミュニケーションを取っていただろうかと。日本にいると、まわりは日本人、日本語を話す人ばかりです。そうすると、何となく言えばわかってもらえる、通じるという錯覚に陥るのです。

これが私たちの〝無意識〟というものです。

そして、私たちは**無意識のうちに人を傷つけている**のです。

「そんなつもりで言ったんじゃなかったんだけど……」。誤解が生じた時、よくこんなセリフが出ます。その気持ちはわかりますが、どんな〝つもり〟であったとしても、相手を不快にさせたり、誤解されていいことはありません。

もし相手と考え方や振る舞いが違ったとしても、どのような意図でそうしているのか、**聞いてみないとわからないことはたくさんあります**。

人は、安心を感じないと心を開かないものです。

さらに**「返報性の法則」**という心理作用があり、好意を向けられると相手も好意を抱きやすくなりますが、反対に悪意は倍速で跳ね返ってくると言われます。つまり、相手の言っていることを否定すると、相手も私たちの考えを拒否しやすくなるということです。

ここで大切なのは、「これが普通だ」「こうあるべきだ」という「べき論」ではなく、**相手といかに気持ちよくわかり合えるか**、です。

私たちは協力して、よりよく仕事をしていきたいのです。そのためには、相手を尊重する思いやりと、それを気持ちよく受け取る感謝の気持ちが不可欠になります。

◆「受け止める」と「受け入れる」は別

相手の言っていることをジャッジしてしまうと、そこでコミュニケーションは終わってしまいます。

ちなみに、「受け止める」と「受け入れる」は別のものです。「受け止める」とは、なんでも相手の言い分を「その通りと同意する」ことではありません。

自分の意見があるように、相手にも相手の意見がある。**「あなたはそのように思うのね」と、その意見の存在を認めるということです。**

相手に受け止めていることを伝えるためには、繰り返して聞くことが効果的です。そのシンプルな方法としては、**相手の言ったことを、オウム返しのようにそのまま繰り返してみる**ことです。「なるほど、あなたは（相手の言ったこと）と思っているんだね」というように。

これは相手を否定していませんが、実は肯定もしていません。ただ受け止めただけ。でも、相手は自分の言い分を否定されていないので、会話が前に進んでいきます。

◆巻き込むためには、相手のやる気を引き出す

目指していきたいのは、「まわりの人を巻き込んで協力してもらうこと」です。

ひとりで仕事を抱え込むよりも、まわりの人の協力や理解を得て手伝ってもらった

ほうが圧倒的に楽ですよね。

そのためには、相手のやる気を引き出すことが欠かせません。なぜならば、相手がいくら頭で理解しても、心がやりたくないと思っていたら動いてはくれないからです。人は、正しいことをきちんと伝えて理解してもらえれば、相手は動いてくれると思い込みがちです。しかし、**動くかどうかを決めているのは相手の心、つまり納得感**なのです。

では、どのようにすれば相手のやる気を引き出すことができるのでしょうか。

脳のメカニズムとして、**「脳の中にうれしさが宿るとやる気が起きる」**と言われます。例えば何気ない会話の場面でも、自分の言わんとすることを相手が存分に共感してわかってくれたら、うれしくてどんどん話したくなって、盛り上がりますよね。逆に、相手がいちいち反論してきたら、だんだん話す気がなくなってしまいます。

だからこそ、ジャッジしないで受け止めて聞くことが必要になるのです。自分の言い分を否定せずに聞いてもらえるのは、どんな人にとってもうれしいことです。

相手の言うことをジャッジせずに、賛成でも反対でもないニュートラルなポジションで聞く。

実はこれは、簡単なようでとても難しいことです。しかし、仕事ではもちろんですが、友人関係や子育て、夫婦のパートナーシップなど、どんな場面でも活かせるので身につけておくととても便利なスキルです。

◆「すべては正解」のスタンスで

私は研修でもこのスタンスを大切にしています。

基本ルールは**「質問の答えはすべて正解」**です。

もちろん、「正解がひとつ」ということもあります。でもそれは、「知っているか、知らないか」ですよね。知らなければ、今知っていただけばいいだけのこと。そもそも研修というのは、知らないからこそ学びに来る場でもあります。

研修の冒頭でこのように説明すると、多くの人は安心した表情になり、自分の考えをイキイキと話しはじめます。一方、ちゃんとしたことを答えようとすると、答えがわからない時には黙ってしまいます。

この先必要になってくるのは、**どのような状況があったとしても、自分で考えて判断していく力**です。これだけ時代が変化しているのです。この先には誰も経験したことのないような状況に直面することもあるでしょう。そんな時に大切なのは、前例とか、正しい答えを探そうとすることではなく、「今、ここで、自分の目で見て、自分の頭で考える」ということなのだと私は思います。

つまり、**自分の意見を口にしながら、まわりの人と共に考え創っていくこと**、これこそが大切なのです。

質問力
―相手の言いたいことを形にする―

「考えをまとめて話すことが苦手なんです」
「私の話はわかりにくいようで、何を言っているのかが伝わらないんです」

こんなお悩みをよくうかがいます。

しかし、上手に話をして相手をその気にさせたとしても、相手は心のどこかで「何だかうまいこと言いくるめられちゃったな」と思うかもしれません。**人は原則として、自分の言葉でしか説得されないのです。**

まわりの人を巻き込むことを目的にするならば、うまい説明よりももっと効果的なのは、「**質問する力**」です。**相手の言い分を引き出して言葉や形にしてあげる**ことができたら、相手はきっとうれしくて信頼してくれるのではないでしょうか。

◆すべてを語れる人はいない。人は聞かれると考える

そこで、ぜひとも身につけてほしいのは、**「相手が言いたいこと、思っていることを引き出して、形にする力」**です。

「この人に質問されて答えていると、考えがまとまってくる」
「自分の言いたかったことが言えてすっきりする」

あなたと話している相手がこう思ってくれたら、社内でもプライベートでもあなたは引っ張りだこ間違いなしです。

相手の言いたいことを引き出す質問をすることで、相手はやる気を持って行動できるようになります。この先、この力は仕事でもプライベートでも、あらゆる場面であなたを助けてくれる武器になります。

◆効果的に質問をするポイント

質問力について話すと、「どんな質問をすればいいのですか？」とよく聞かれます。

例えば営業をしている方なら、「どんな質問をしたら、お客様はニーズや本音を答えてくれるのでしょうか？」といった具合です。確かに、質問のキーワードは存在します。でも、それを言えば必ずうまくいくというわけではありません。

なぜならば、**相手には感情がある**からです。質問をされた時、その答えを持っていたとしても、**質問してきた人との間に信頼関係がなかったら、「なぜあなたに答えなければいけないのか」と思って答えてくれない**でしょう。

ですから、質問を効果的にするためには、まずこちら側のスタンスが重要です。

①ジャッジをしない

これは私が質問をする時に一番意識していることです。人によっては、相手が求める答えを言おうとしたり、正解を探したりしてしまうものです。そこで、相手が言いたいことを何でも言えるように受け答えをすることで、質問の効果が高まります。

②誘導しない

人は、これまでの経験から、「こうしたらうまくいく」という答えを持っていることがあります。すると質問する際にも、無意識にそこに向かって相手を誘導してしまいがちです。これでは効果半減。大切なのは、自分が望む答えに導くのではなく、相手の中にある「言葉になっていない考えや想い」を聞いてあげることです。

そのためには、**短く質問をする**と効果的です。答えを含むような長い質問をしてしまうと、相手は「はい・いいえ」でしか答えられなくなります。

おすすめは、**「どうして？」「〜とは？」「例えば？」「他には？」**など、短い言葉でシンプルに聞くことです。

③事実ベースを意識して聞いていく

相手のことを思えば思うほど、ついつい自分の感情や思い込みがそこに入りやすくなります。

誘導しないためにも、相手の答えに対して、**「どんな時にそう思ったの？」「どんなことがあったの？」**など、**5W1H**を意識して、事実ベースで聞いていくと偏らない話を引き出すことができます。

5W1Hとは、「いつ（When）、どこで（Where）、誰が（Who）、何を（What）、なぜ（Why）、どのように（How）」という情報伝達のポイントです。

◆質問力を鍛える方法

質問力を鍛えるおすすめの方法は、シンプルですが、いろいろな人と会話をするよ

質問を効果的にする

①ジャッジしない → 相手が言いたいことを
何でも言えるようにする

②誘導しない  相手が自分の言葉で
自由に答えられるようにする

短く質問する：
「どうして？」「〜〜とは？」「例えば？」「他には？」

③事実ベースを意識する  自分の感情に
誘導しない

5W1Hで質問する：

①When　：「どんな時にそう思ったの？」
②Where：「どんなところでのこと？」
③Who　：「それは誰が（誰に）言ったの？（したこと？）」
④What　：「どんなことがあったの？」
⑤Why　：「どうしてそう思ったの？」
⑥How　：「どのようにしたの？」　　など

うに心がけることです。会話が増えれば、自ずと自分が質問に答える経験を積むことができます。自分が質問に答えることで、答える側の気持ちや答えやすい質問のコツなどがわかってきます。

そしてもうひとつは、**とにかく日常の中でたくさん質問をする**ことです。

実は、思った以上に私たちは質問をしていません。まずは**1日1回は必ず意識して質問をしてみる**ことを習慣にしてみましょう。

そう言われても何を質問したらよいか迷うかもしれませんが、一番簡単なのは前述したようにシンプルに短く質問をすることです。5W1Hを使って、「それはいつのこと？」「どうしてそう思ったの？」、このように相手の会話に興味を持って質問をしてみましょう。

普段、私たちは**かなり抽象的な言葉で、〝わかった気分〟で会話をしている**ものです。そこでほんの一言でも質問をすると、意外な答えが返ってくることもあります。

◆相手の心の根っこにある想いを聞いてあげよう

おすすめの質問ワードとして「それから？」「それで？」というものがあります。

先日、私自身もこの質問の効果を改めて実感しました。実は、息子が大学受験だったのですが、どうもやる気が今ひとつ出ていないなと感じていたのです。でも、18歳にもなって、親が「勉強しなさい」と言ってもやる気が出るわけがありません。そこで、本人を信じてひたすら見守っていたのです。

そんなある日、普段なら寝る時間なのに私の近くをうろうろしているので、何か話したいのかなと聞いてみると、悩みを話しはじめました。

話を聞いている時に私が発した言葉は主に、「それから？」「それで？」の2つだけ。すると、驚くくらいどんどん話すのです。

こんな時、親としてはいろいろと言いたくなりますが、ぐっとこらえてひたすら2つの言葉を繰り返し続けたら、最後には心の底にある本音がぽろっと出てきました。そして、話をしてすっきりしたのか、その翌日こんなふうに言っていました。「今日はこの1年の中で一番集中して勉強した」と。言いたいことを全部言い切ることがこれほど大切だったのか、と改めて感じた出来事でした。

人は質問されると、考えて答えようとするものです。ぜひまわりの人に考えるきっかけをつくってあげましょう。そうすることで、相手との関係も深まります。

任せる力
―チームで仕事をする―

あなたは人に任せるのは得意ですか？　苦手ですか？

人に仕事を任せることは、勇気がいりますよね。「全部自分でやってしまったほうが安心だし、たぶんそのほうが早い」と思っている人も多いと思います。ましてや人に任せて失敗されたら、その責任も対応も自分に返ってきてしまうことを考えると、ますます任せることへのハードルが上がります。

その一方で、**自分だけでできることには限界があります。**時間のことだけを考えても、ただでさえやることが多いのに、今は働き方改革が推進され、会社によっては残業時間に制限があったり、決まった時刻に消灯されたり、パソコンの電源が落ちてしまうなんてことも。

そして、**何よりもやりたいことを形にするためには、やはりひとりでは難しい**でしょう。

これは私の師匠（研修講師として育ててくれた方）がよく言っていたことです。私の師匠はモチベーションに関しては日本を代表するような講師でしたので、全国から山のようなオファーがありました。でも、体はひとつなので、当然のことながら受けられる仕事には限界があります。だから師匠は私を育て、仕事を任せたのです。

もちろん、師匠本人が行くのが一番お客様に喜ばれることは間違いありません。でも、断るくらいなら、本人ではなくても同じマインドを持った弟子が行くことでお役に立てるかもしれません。師匠はよくこう言っていました。「『津田さん（師匠）もいいけど、弟子の大嶋さんもまたいいよね』と言われるようになりなさい」と。お客様にそう思っていただいて師匠以外の他の講師も活躍すれば、元気になるお客様は増えていきます。

では実際に、どのようにすれば人に任せることができるようになるのでしょうか。

◆任せる力とは信じること

「信じる」という言葉の反対語を聞いたことはありますか？

私も初めて聞いた時は、意外な答えで驚きました。

それは**「心配する」**という言葉です。

心配とは、一見相手のことを思う素敵な言葉だと感じますよね。私もそう思っていました。ところが、そのイメージの裏で、**「実は相手のことを信じていないのかもしれない」**と思い当たることがありました。

子供が小さかった時のこと。いわゆる公園デビューをして、外で遊ぶようになりました。そこで私はせっせと子供にルールを教えて一緒について歩いていました。ルール違反で他の子とトラブルにならないように、子供のためにと思ってやっていたのです。

でも今はわかります。あれは子供のためではなく、自分自身のためだったのです。私はきっと、「しつけができていない子の親」だと思われたくなくて、子供の後をついてまわっていたのです。もちろん、ルールを守るのは大切なことです。でも一度ちゃんと教えたら、子供を信じて見守ればよかった。それでもしルール違反の行動をしてトラブルになったら、その時はしっかりと謝ることを体験させればよかったのです。私はいつも先まわりして止めてしまったので、そうした貴重な体験の機会を奪ってしまったと、今でも後悔しています。

◆信じてほしければ、まず自分が相手を信じてあげること

自分のことを信じてほしかったら、まず自分が相手を信じてあげることです。

夫の仕事の都合でタイに引っ越した時、私は日本で仕事をしているので、行ったり来たりの生活になりました。そのため、私が不在の間に家事をしてくれるメイドさんが必要で、住み込みで来てもらうことになりました。タイでは日本人をはじめ、外国人の家庭では現地の雇用をつくるためにもメイドさんを雇うことが一般的なのです。

雇ってから3日目には私は日本に戻ることになっていました。ここで、彼女に家の鍵を預けてよいかどうか、正直迷いました。最悪は、家のものを持ち逃げされてしまったなんて話も耳に入っていたからです。というのも、メイドさんによるトラブルもあります。それだけに、メイドさんのことをまだよく知らない状態で、日中誰もいなくなってしまうのに、どうしようか……と考えました。

でも、その時思ったのです。彼女に私たち家族のことを信頼してほしいと思うのならば、まずこちらが彼女のことを信じてあげるのが先だと。万が一それで持ち逃げされたとしても、それは私にとって必要な勉強だったのだと思うことにしようと決めま

した。そして、鍵を渡したのです。

結果として、彼女は高い意識で最高の仕事をしてくれました。

彼女自身が優秀なメイドさんだったのはもちろんですが、信じて任せられたことを喜んで、より一層自主的に動いてくれたことがプラスになったと思います。

◆信じる力とは「観る」こと

とはいえ、いきなり相手を信じるのはやはり勇気がいります。

そこで、どうしたら相手を信じることができるか、まずは根拠を探してみましょう。

例えば、この仕事のジャンルはこれまでに経験がある、他の仕事ぶりもいつも丁寧にできているなどです。**根拠があると安心**なので、相手を本気で信じやすくなります。

特に、**相手のよい点に注目する**といいですね。本人が得意としていることを任せてあげるほうがうまくいく確率も高くなります。

相手の仕事ぶりや日頃の様子などをよく観察して、よい点をたくさん探してみてください。その一つひとつが、安心感につながります。

◆任せるためのポイントを知っておく

任せる時にはポイントがあります。

それは、**完璧を求めない**ということです。

自分とやり方が違ったとしても、仕上がりが大きく変わらないならそれでよし、と思うことです。任せるということは、その人のやり方、考えに委ねることです。相手は自分のコピーロボットではありません。違いがあるのは当たり前です。極端なことを言えば、仕上がりレベルも60点ならよしとしましょう。

仕事の品質にかかわるなど、どうしてもここだけは困る、という点についてだけ、変えてほしい理由を相手にとってメリットになるように伝えるといいですね。

相手のやり方で任せると、**自分のやり方の時にはないよさが生まれる**こともあります。これこそが人に任せる醍醐味でもあります。

ちなみに、成果が出るチームとはどんなチームでしょうか。

それは、そこにいる**メンバーの強み、得意なところを引き出して、成果を最大化するチーム**です。自分のやり方に固執して動いてもらうよりも、それぞれの人のよさや持ち味を活かして動いてもらったほうが、可能性が広がります。**目的さえ合っていれば、途中のプロセスややり方には極力意見を言わずに見守ってみてください。**

「あなたのチームにいると、仕事がやりやすい」という評判が立つと、自分で物事を考えられる人が集まってくるようになります。任せると、メンバーのやる気とスキル、考えなどが相乗効果で高まっていきます。新人に作業を頼む時でも、何度かやってできていそうならば、一部分でもよいので、任せてみてください。

そして、**任せたら必ずフォローをする**ことも忘れずに。

任せっぱなしでは相手を不安にさせてしまいます。見守り、一緒に頑張ろうというスタンスで寄り添ってあげてください。

魅力ある表情
—表情筋トレーニング—

かつて旅行会社の営業で働いていた頃のことです。先輩に、仕事の報告と相談をしていた時のこと、こんなことを言われました。

「おまえさ、お客様のこと、嫌いなんじゃないの？」

衝撃的な言葉でした。当時の私は、会社や先輩とは意見が合わないと議論することこそありましたが、お客様に対してはいつでも誠実にお役に立ちたい！　と強く思っていたからです。それだけに、この言葉には驚きと共に腹立たしさを感じました。

◆自分は普段、どんな顔をしているか

なぜ、先輩はこのようなことを言ったのか。理由がわからなかった私は先輩に食ってかかるように聞きました。すると、意外な答えが返ってきたのです。

「だって、お客様の話をしている時、いつも顔が怖いから

さ。楽しそうな顔で話すことがほとんどないんだよ」

これには、さらに大ショック。

自分の顔は自分では見えないと言いますが、私は指摘されるまで、自分が仕事中にどんな表情をしているのかにまったく気づいていなかったのです。

思い起こせば、お客様からも言われたことがありました。

初めて海外旅行の団体ツアーを自分でつくり、その見送りに羽田空港の国際線ターミナルへ行った時のことです。私は早めに行って、お客様の座席の確認や航空券の受け取りなどをしていました。

当時は入社2年目くらいで、他の仕事には慣れてきたものの、海外旅行の団体ツアーを担当するのは初めてだったので、いつになく緊張していました。その状態でターミナル内を歩いていた時に、お客様から呼び止められたのです。

「いやー、いつもと違って怖い顔して歩いていたから、別の人かと思っちゃったよ」

またしても私は、驚いてしまいました。

そして同時に「怖い」とも思いました。このように教えてもらえたら気づくこともできますが、日常の中で教えてもらえていない自分の顔もたくさんあるはずです。そもそも他人は、いいことは言ってくれますが、悪い指摘は言いにくいものです。もしかしたら、**表情ひとつで大損をしてしまうことにもなりかねない**のです。無意識とは本当に怖いですね。

◆会話の入口も出口も「顔」

自分の本当の表情を知っている人は少ないものです。

例えば、トイレに行って手を洗う時には鏡を見ますね。その時、男性も女性もほとんどの人は〝いい顔〟をつくっているのです。

写真だって、表情がイマイチなものは削除してしまいますよね。

つまり、**私たちは実物以上に自分の顔をいいものだと思い込んでいる**ということです。

さらに、**日本語を話している私たちは、顔の筋肉の2、3割程度しか使っていない**と言われています。日本語は顔の筋肉をあまり動かさなくても発声ができてしまう言語なのです。日頃から使われていない筋肉は年齢にかかわらず衰えていきます。ですから無意識の瞬間には無表情、もしくは怖い顔になってしまう可能性が高いのです。

私たちは話す時も聞く時も、**会話の中身に意識がいってしまい、表情はその分おろそかになっている**のです。


だからこそ、「普段から表情を意識しましょう！」などとよく言われるのですが、ずっと意識しているのも難しいですよね。私たちはやらなければならないことがたくさんあるので、1日中顔のことばかり考えているわけにはいきません。


そこでおすすめしているのが、**表情筋トレーニング**です。

顔にはおよそ30種類程度の筋肉があります。体の筋肉を鍛えるように顔の筋トレをしておくと、意識が下がってしまった瞬間でも、最低限は筋肉で表情をキープできます。

私は表情筋トレーナーの資格を持っているので、研修でもよくお伝えしているのですが、同じ顔のつくりでも表情次第で人はまったく違う印象になります。

表情がよくなると、こんなメリットがあります。

・表情が豊かになり、印象がぐっと明るくなる
・思った通りの表情ができるので誤解が減り、コミュニケーションがスムーズになる
・まわりから話しかけられやすくなるので、人間関係がよくなり、仕事の成果にもつながる

この他にも、女性にとっては美容の面からも小顔効果、ほうれい線対策などいいことがたくさんあります。

表情筋トレーニングは28種類あるのですが、その中でもおすすめの口角を引き上げるトレーニングをご紹介します。比較的簡単にできるので、ぜひやってみてください。

表情筋トレーニング

小頬骨筋（しょうきょうこつきん）という上唇から頬骨に向かって斜めに走っている筋肉を鍛えることで、口角が上がりやすくなり、頬のたるみも引き締まります。

左ページの図の手順通りにトレーニングを行なってみてください。

そして、さらに効果的にするための注意事項がいくつかあります。

表情筋トレーニングで口角をアップする

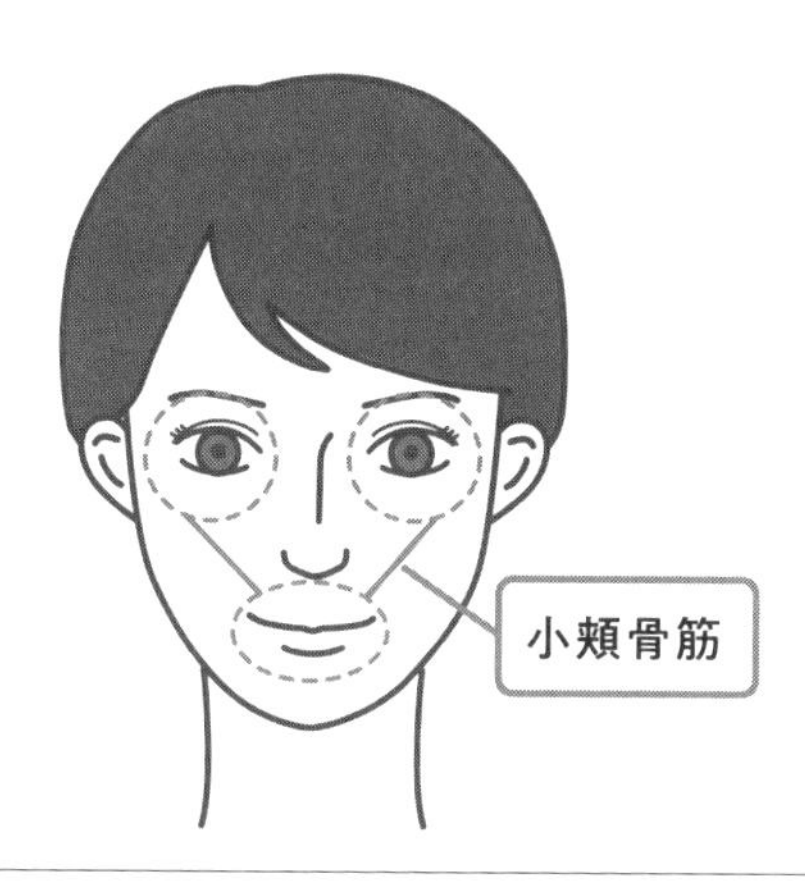

①右側の口角をぐっと上げる
ポイント　頬の高いところが盛り上がるように

↓

②右側の目をつぶる
ポイント　軽くつぶる

↓

③そのまま5秒キープしてゆっくり戻す

↓

④左側も同じように繰り返す

資料提供：ブリルエッチ

・トレーニングはゆっくりとリラックスして行ないましょう
・もし、痛みなどを感じたら無理をせずやめましょう
・筋肉はすべて一枚皮でくっついているので、今どこの筋肉を使っているのかを意識しながらやりましょう。口角を上げる時は頬骨のあたりが盛り上がるようにぐっと引き上げましょう
・目をつぶる時はぎゅっとつぶると他の筋肉が連動してしまうので、軽くつぶるようにしましょう

これが最も基本的なトレーニングです。できれば左右5～10回ずつ朝晩行なうと、数ヶ月で効果を実感できると思います。

せっかくいいことを言っているのに、表情で損をしている方がとても多いのです。

会話の入口と出口は顔です。魅力的な表情でまわりからの親しみと信頼を高めましょう。

応援力
―3give 1take―

先日、紹介で知り合った女性とお茶をする機会がありました。まだ20代の若い方です。この方は昨年まで専業主婦をしていたのですが、その後起業し、信じられないスピードでぐんぐん成長しています。まさに飛ぶ鳥を落とす勢いというのはこういうことか、と目を見張るような活躍ぶりです。

実は、この方の他にも私のまわりにはこんなふうにどんどん伸びている方が何人もいます。その方々に共通しているのは、**「多くの人から応援されている」**ということです。

世代を問わず、**上の方からはかわいがられ、年下からも慕われています**。そして、**いろいろな人脈を持った方へ紹介されて、どんどんその輪を広げていく**のです。

私も振り返ってみると、うまくいっていた時というのは、まわりから応援していただいた時だったなと思います。

起業したばかりの時、一本の電話がかかってきました。それは5年ほど前に研修でお世話になったある企業の部長からでした。その方が異動された先で研修をしたいと思っているので、相談に乗ってほしいという内容でした。
その時、起業したことをお伝えすると、こうおっしゃったのです。「それはおめでとう。それじゃ、僕が大嶋さんの会社の最初のお客さんになってあげるよ。ぜひうちで研修をしてもらいたい」。思いがけない言葉が、涙が出るほどうれしかったことを覚えています。
この方とはその後何年もお仕事をご一緒し、たくさんの方をご紹介いただきました。本当にありがたいことです。

この経験から、応援される力の大切さを実感しました。自分でも全力で頑張るのは当然ですが、仕事はひとりだけでできるものではなく、やはりまわりの方の応援と協力によって**圧倒的にうまくいく確率が高まる**のは間違いありません。

これは仕事に関してだけではありません。むしろ女性の場合、プライベートこそ応援される力が必要です。なぜならば、ライフイベントとして子供を望む方の場合、子育て中はどうしても他の人の力を借りるしかない時があるからです。

例えば妊娠中、順調でも検診で仕事を休む日もあります。私は切迫早産になり妊娠7ヶ月の時に突然入院することになってしまいました。妊娠中は気をつけていても避けようのないトラブルがあるのです。

出産後も保育園に入れるかどうかという大問題があり、入園しても発熱で呼び出され、小学校に上がると今度は学童保育になるため、帰宅時間が早くなってしまい、いわゆる〝小1の壁〟を痛感しました。

私のまわりには、もっと働きたいという意欲を持っていても、育児と仕事の板挟みになり、悩んで退職を選んだ人もいました。しかし、子育てはある意味「期間限定」です。果てしなく続くわけではなく、時期が来ればおむつも外れるし、どんどん自分でできることが増えていきます。それなのに、その時期を乗り切れないのは、**まわりを頼り、応援してもらうことの難しさ**が一因になっていることが多いのです。

まわりとは持ちつ持たれつでいきたいと思っても、この時期だけは一方的に助けてもらってばかりの時があります。まわりとの人間関係を大切にする人ほど、その状況に対して自らプレッシャーを感じて、耐えられなくなってしまう人もいると思います。

確かに、まわりの忙しい人におんぶに抱っこでは、居心地が悪いと感じてしまいます。だからこそ、そんな時でも応援してもらう状況をつくるためには、**これまでにどのような関係を築いてきたかが重要になります。**

ちなみに、これは結婚や子育て以外のことでも同様です。親の介護は親御さんがいらっしゃる方であれば、誰もが可能性のあることです。介護は子育てのように、ある時期になれば状況が変わる、あるいは終わりが見えているわけではないので、精神的な負担は子育てよりも大きいかもしれません。

◆応援されるために何が必要か

では、どのようにすればまわりから応援してもらえるようになるのでしょうか。

それは、**まず自分がまわりの人を全力で応援すること**だと思います。

前述した「返報性の法則」の通り、人は自分がしてもらってうれしかった時には、同じように相手に返そうとするものです。人間関係は「give & take」と言いますが、私の師匠は「**3give 1take くらいがちょうどいい**」とよく言っていました。こちらが

見返りを求めずに全力で相手を助けてあげていると、相手からも何か返ってくるかもしれない、ということです。

確かに、人はこうした流れに敏感だなと思います。自分が搾取されているような気分になる人には近寄りたくありません。「してほしければまず自分がする」。これが人間関係の大原則なのです。

◆応援する時に心がけたいこと

応援する時には心がけたいポイントがあります。

①相手が望むことをしてあげる

私たちは誰かを応援したいと思いながら、気づくと自分がやりたいことや自分がやりやすいことをしがちです。もちろん、それでもしないよりはしたほうがずっといいのですが、せっかくなら相手が望んでいること、求めていることをしてあげたほうが、喜ばれる確率は上がります。

では、どのようにすれば望んでいることがわかるのでしょうか。

難しいと思われるかもしれませんが、意外と単純かつシンプルです。

まずは、相手をよく観ること。**文字通り〝よく観て〟いると、いつもよりも元気がなかったり、その人らしさがない時があります。**こうした観察から、相手の頑張りや悩みの心の声に敏感になることができます。困った時こそ応援を求めているのです。

②自分がすべてをしなくてもいい

相手の求めていることがわかっても、そのすべてを自分ができるとは限りません。

ここで、自分だけで頑張ろうとすると、一気にハードルが高くなってしまいます。

目的はあくまで、相手が助かること。

ならば、自分でなくても他の人の力を借りてもよいのです。

他の人の力の借り方もいろいろあります。**すべてをお願いする、一部を手伝ってもらう、やり方や知恵だけを借りる、誰かを紹介してもらうなど。**

その人の負担にならないような依頼であれば、頼みやすくなりますね。

他の人を巻き込むことのメリットとして、助けた人、助けられた人の間でも縁が深まるということもあります。人と人とをつないであげるというのは、とても価値があることだからです。

③純粋に相手の成功を願う

応援してあげる相手が自分と年齢が近いと、その人の成功を純粋に喜べないことがあります。それは、はっきり言ってしまうと〝**嫉妬**〟です。その人が成功することによって、やりたい仕事が自分にまわってこなくなる、自分の立場が危うくなる、自分よりその人の評価が高くなる……。こういった影響がある場合は特にそうなりやすいものです。

これは**自分に自信や余裕がない時は特に気をつけたい**ところです。私たちは自分自身が満たされていないと、まわりの成功を純粋に祝福することが難しくなります。

自分の心の整え方は、4章「余裕のある女性の『頭と心の切り替え方』」に詳しく書きました。やり方を知っていても、やるかどうかを決めるのは自分の心です。

感謝力
—言葉にする大切さ—

まわりの人を巻き込むためには、まず自分自身の在り方と行動を変えることが大切であると、お伝えしてきました。
とはいえ、余裕がない毎日の中では、それが難しい時も多いですよね。
そこでおすすめなのが、「**感謝力**」を鍛えることです。
まわりへプラスの働きかけをするための原動力として、私自身もいつも意識しています。

◆「当たり前」という感覚を疑ってみる

忙しい毎日を送っていると、多くの出来事を「当たり前」だと思いがちです。そして**当たり前が積み重なると、「ありがたい」を忘れがちになります。**

目の前にある日常が失われて初めて、そのありがたさに気づくことがあります。

身近な例だと「**病気**」です。体調管理に気をつけていても、年に一度くらいは風邪をひいてしまうことがあるでしょう。私も昨年は喉の風邪にかかってしまい、声がちゃんと出ない日がありました。もともと声はよく通るほうなのですが、声が出ないとこんなにもやりにくいのかと驚きました。

もうひとつの例として、普段通りに**「仕事ができること」**を当たり前だと思っていませんか？

私も若い頃は、普段の仕事でも大変とばかり思っていた時期があります。ところが子育てをはじめてみると、朝、保育園に預けて会社に到着した途端に、「熱が出たのでお迎えに来てください」なんて電話がかかってきてとんぼ返りといったことが何度もありました。そんな経験から、大事な仕事の前には、子供が元気でいてくれるだけでもう十分にありがたい。安心して仕事ができるってなんてありがたいのだろう、と思ったものです。

◆感謝の種を探す

失って初めてわかるということもありますが、できれば日頃から「ありがたい」というアンテナを持ちたいものです。

私はこれを「**感謝の種を探す**」と呼んでいます。**特にこれは些細なことほど、そのありがたさに気づけたらいいですね。**

私は感謝には不思議な力があると思っています。ありがたさを感じると、心が温かくなって、相手に何かをしてあげたいと思います。心からありがたさを感じた時は、もう理屈ではなく涙が出そうになるくらい、強烈なエネルギーがわいてきます。

さらに、そのありがたさを維持し続けるための努力も大切です。例えば人間関係からくるありがたさは、未来永劫その状態が続くわけではありません。人の心は、温め続ける努力をしないと冷めてしまうものです。だからこそ、今、目の前にある温かい関係をキープしていくためには、温め続ける努力が必要で、その努力を続けることで日々のありがたさを意識することにつながります。

◆ちゃんと相手に伝える

研修でも、「最近、『ありがたい』と思ったことは何ですか？」と質問することがあります。すると、皆さん最初は戸惑うのですが、すぐにあれこれと話しはじめます。これは日頃から感謝のアンテナが立っているということであり、とても素敵ですね。

でも、その感謝を本人に伝えているかどうかをうかがうと、意外なほどに伝えていないことが多く見受けられます。

言葉には力があります。**言葉にして言われることで、相手の中にもうれしさとやる気が芽生えます**。わかっていても、言葉で言ってもらいたい時もありますよね。もし、直接言葉にして伝えるのが難しかったり、恥ずかしい時は、文字でもいいと思います。あるいは行動で伝えるという方法もあると思います。

いずれにしても、**思っただけで終わらせずに、ぜひ伝えるところまでやってみてください**。おすすめは、身近な人から。特に家族や身内ほど「当たり前」になりやすいので、まずは1日ひとつずつでも、感謝の種を探して伝えてみてください。

Let's answer the question.

Q1. 自分の中にどんな「普通」がありますか?

→ 自分と相手の考えが違う時、
ジャッジしないで聞くことを意識しましょう。

Q2. あなたが最近質問をしたのはいつ、どんな場面でしたか?

→ 「どうして?」「それから?」等のシンプルな言葉で、
質問する力を鍛えましょう。

Q3. 「自分でやったほうが早い」と思って、手放せない仕事はありませんか?

→ 後輩や同僚を信じて任せてみましょう。
あなたにも相手にもプラスになります。

Q4. 1日の中で表情筋トレーニングをいつやってみますか?

→ 人は普段、表情に無意識です。怖い顔にならないよう、
トレーニングを習慣にしましょう。

**Q5. 部署の人、後輩、先輩。
まわりの人はどんな応援を求めていますか?**

→ 助けてほしい時に応援してもらうためにも、
まず自分が応援する人になりましょう。

2章

余裕のある女性の「言いにくいことの伝え方」

言いにくいことを伝える価値

仕事をしていると言いにくいことでも言わなければいけない場面があります。

例えば、**断る時**。とても忙しくて時間に追われている時に、後輩が相談をしてきたら……。時間がないから本当は後にしてほしい。でも困っている後輩を突き放せない。

またある時は、**催促をしたい時**。部の飲み会の幹事をしていて、お店の都合上、人数を把握したい。締め切りまでに返事がもらえなかったけれど、相手はとても忙しそうにしていて、話しかけにくい。ましてや内容が飲み会など、明らかに相手の仕事よりも優先順位が低そうなことだとなおのこと催促しにくい、など。

言いにくいとされている話を分類すると、おおむね3つのシチュエーションに分けられます。

①**断る時**、②**お願いをする時**、③**注意をする時**、この3つです。そんな時、あなたはどのくらい言いにくいことを伝え

ることができますか？

◆自己主張の3つのタイプ

言いにくいことを言えるかどうかは、その人の性格によってタイプが3つに分けられます。

①**アグレッシブ**……言いたいことははっきり言う。それによって少々相手が不快に思ったとしても、言うべきことは言うタイプ

②**ノンアサーティブ**……相手がどう思うかが気になり、我慢して言いたいことを控えてしまったり、まわりくどい言い方になってしまうタイプ

③**アサーティブ**……言いたいことは率直に正直に伝えるが、言い方を工夫しているので、相手の感情を傷つけることもなく、明日もいい関係を継続できる

あなた自身はどのタイプだと思いますか？

これまで私が研修でうかがってきた限り、②が圧倒的に多かったです。よく言われる言葉に「NOと言えない日本人」というものがありますが、まさしくその通り。

自己主張3つのタイプ

タイプ① アグレッシブ

言いたいことは**はっきりと言う**

↓

それにより少々相手が不快に思っても
言うべきことは言う

タイプ② ノンアサーティブ

相手がどう思うかが気になり、**遠慮しがち**

↓

我慢して言いたいことを控えたり
まわりくどい言い方になる

タイプ③ アサーティブ

言いたいことは**配慮しながら率直に**伝える

↓

相手の感情を傷つけることなく
明日もいい関係を維持できる

相手の感情を逆なでするようなことは言いたくない、申し訳ない。我慢したり、こちらでカバーできるなら、自分で何とかするほうが気が楽……。このように思うのでしょうか。

これは相手を思いやったり、相手の状況や立場を汲むといった相手のためを思ってのことが多いものです。頼まれごとやお誘いを断る時は、「せっかく頼ってくれたのに」「誘ってくれたのに申し訳ない」などと、**相手の気持ちに思いを馳せることによって、ますますはっきりと言えなくなる**のです。

◆言わないのは、誰のため？

その気持ちや状況は痛いほどわかるという前提で、あえて質問をします。

「言わないのは、誰のためですか？」

こう聞かれると、ドキッとした顔をする方が多くいらっしゃいます。

相手のことを思って我慢しているようですが、実は多くの場合、それは自分自身のためだったりします。**相手から嫌われたくない、明日から仕事がやりにくくなったら**

困る、場のムードが悪くなる、などと考えた時、言いにくいことをあえて口に出して伝えることを躊躇する方が多いでしょう。

でも、本当にそうなのでしょうか。

言いたいことを口に出したら、断ったら、頼んだら、あなたが恐れているようなことになるのでしょうか。

ざっくり言えば、その答えは「ＮＯ」です。

特に仕事に関しては、相手に遠慮して時間がかかったり、後手にまわるほうがＮＧです。

例えば、職場で飲み会があるとします。年に一度の歓送迎会などならば参加も仕方がないとしても、頻繁にイベントやら飲み会が続くので、休みの前日くらい早く帰りたいしできれば参加したくないと思っているとしましょう。

でも、出席率も今ひとつのようだし、幹事が頑張っていることを考えると、スパッと断りにくい……。このように思って返事を2、3日保留して、数日後にやんわり断ったとしましょう。

この時、そこにあるのは「すぐに断ったら幹事に悪いな」という感情です。でも、逆の立場から考えてみるとどうでしょうか。もし自分が幹事だったら、人数の把握が遅くなることで、準備に影響が出ることもありますよね。例えば、お店の予約でも、早い段階から人数がそれほど多くないとわかっていたら行きたかった他の店を予約したのに、今となってはもう予約が取れないということもあります。

相手に気を遣って遠慮したつもりが、相手にとっては大きな迷惑だったりします。

特にビジネスにおいては、**スピード感は重要**です。相手の動きや都合を考えたら、はっきりと言わないことのほうが大きな罪になることもあるのです。

ビジネスですべきことは、**自分のための〝遠慮〟ではなく、相手のためになる〝配慮〟**であることを知っておいてください。

そして実は、ズバッと言うことで信頼されることもあるのです。

自分も言いにくいし、まわりもそう思っているけれど言えないでいること、これをはっきり言ってくれる人は貴重です。特に、経験を積んで長く在籍していたり、立場が上になると、マイナスなことはなかなか言ってもらえなくなるものです。

私がまだ駆け出しの講師だった頃のことです。ある大手自動車メーカーのセールスロールプレイングコンテストがあり、勉強のために行っておいでと、事務所の上司にすすめられて見学にうかがいました。後日、そのメーカーさんとの打ち合わせの席で、コンテストの感想を求められました。

上司からも「率直な感想を言っていいよ」と言われていたので、私はこのように答えました。「おほめの言葉はたくさんの方がおっしゃったと思いますので、私は気になった点をあえて申し上げます。それは……」。

言い終わった時、ちょっとはっきり言いすぎたかなと思ったのですが、先方の責任者はこの答えを高く評価してくださいました。そして、私を研修に指名して呼んでくださるようになりました。師匠がメイン講師で、私はあくまでもアシスタントの立場でしたが、これが私の初めての指名の仕事となり、それから何度もお招きいただくことになりました。

相手のためになることであれば、あえて伝える勇気を持つことは、結果的に自分自身の信頼として戻ってくることもあると学んだ経験でした。

とはいえ、どのように受け取られるかは相手次第なので、やはり不安はあるものです。

では、明日もその相手と気持ちよく握手ができる関係をつくるためにはどのように伝えたらよいのでしょうか。次の項でお伝えします。

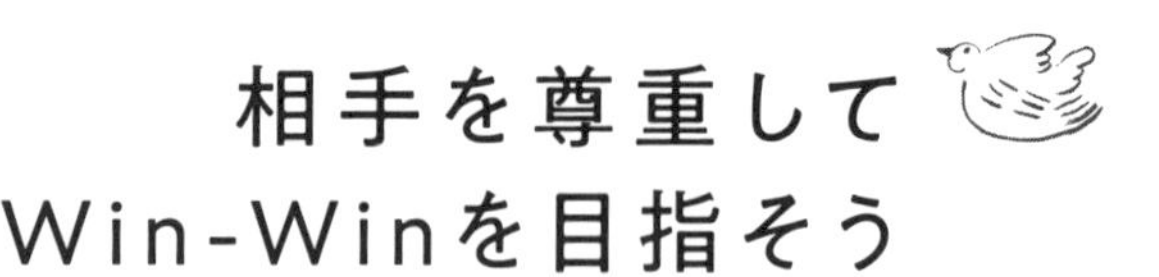

相手を尊重して Win-Winを目指そう

突然ですが、あなたの彼や大好きなパートナーと意見がぶつかったら、どうしていますか？

例えば、夫婦の会話で夫と妻の考えが違うとします。

夫：「うちの実家ではこのやり方でずっとやっていたよ」

妻：「私の実家のやり方は違うわ」

話題の大小はあるものの、夫婦で意見が合わないことはよくあります。なにしろ、20年以上も異なる環境で育ってきたわけですから当然ですよね。

でも、それをずっと主張し続けて、お互いに譲らなかったらどうなるでしょうか。

最悪の場合、離婚につながってしまうかもしれません。お互いがそれぞれの家の代表選手として戦いを挑んだら、どちらが勝っても負けても、負けたほうには納得感のないモヤモヤとした思いが残るかもしれません。

ここで大切なことは、**瞬間の勝ち負けではなく、この先も**

相手とずっと握手ができる関係を築けるかどうか。これは家庭だけではなく、職場の人間関係でも同じことが言えます。

そのためには、お互いが譲り合って、共に折り合えるところを探すことが必要です。

◆基本はWin-Win

Win-Winとは、どちらかが損をするのではなく、**両者が共に「勝つ」こと。**

勝ち（Win）負け（Lose）をはっきりさせることを目的にしてしまうと、負けたほうは「損をした」という気持ちが残るものです。一方的に自分の意見を通すことは現実的にはなかなか難しいもの。だからこそ、お互いの主張を認め合って双方が納得して、譲れるところは譲り合うことが大切です。

ですから、**お互いの言い分のちょうど間を取る、ということではありません。**

その着地点は、**「お互いの納得感」で決まってきます**ので、時には限りなく片方の人の言い分に近いところに落ち着いたとしても、それもアリなのです。

ここでひとつ質問です。

「相手の状況、立場、性格やこだわりなどをあなたはどれだけ知っているでしょうか？」

コミュニケーションの研修でロールプレイングをしてもらうと、よくあるのは相手の状況を聞かずに、自分の言い分をどのように伝えたらよいか、ということに終始してしまうパターンです。

つまり、「なんて言ったらわかってもらえるのだろう」という自分目線だけになってしまうのです。これでは、相手は押しつけられたとしか思えません。

成功するかどうかのポイントは、譲り合う時に、「どこを譲るか」です。

多くの人は「自分が譲れるところ」を譲ろうとします。でも、ここで求められているのは、「相手が譲ってほしいところ」を譲ることです。もちろん100％相手の希望に合わせることは難しいでしょう。

◆相手の状況を知る努力をする

そこで大切なのは、できるかどうかはその先の話としても、まず相手の状況を知っているかどうかです。**相手のことを知ろうとする姿勢こそが、相手を尊重していることになり、気持ちのいい着地点に近づく**のです。

例えば、急な仕事を頼みたい時。恐る恐る頼みに行って、相手からこのように断られたとします。

「状況はよくわかりました。ただ、申し訳ないけれどこちらも忙しいので難しいです」

こんな時、あなたはどうしますか？

パターン①

「そうですよね。でもこちらも目いっぱいの状況で本当に困っているので、そこを何とかお願いできないでしょうか」と拝み倒す。

⬇まさにこれは一歩も譲っていないパターンです。

パターン②

「では、全部は難しいと思うので、一部でいいので手伝ってもらえませんか」と、要求レベルや内容を変える。

⬇これも一定の成果はあるかもしれませんが、どこを手伝ってもらうかによっては不満が残ります。

ここでまず必要なのは、相手の都合を聞くことです。

パターン③

「とてもお忙しいのですね。ちなみに、今どのような状況か、うかがってもよろしいですか？」

「なるほど。一週間後までに△△をしないといけないのですね。それは確かに大変です。もしよろしければ、私の締め切りは明後日なので、それ以降でしたらお手伝いできますがいかがでしょうか？」

「その前に、できましたら、□□だけでもお手伝いいただけないでしょうか。簡単な作業ですので、新人さんでも大丈夫ですし、お時間も明日中であればご都合のいい時で構いません」

このように締め切りひとつでも、相手の都合を知っていれば、こちらからの提案の仕方が変わります。より具体的になり、相手にとって一番ありがたいことを手伝えるかもしれません。何よりも、**相手にしてもらう前に、まず自分ができることをすること**が可能になります。

◆余裕があるからこそ、相手を尊重できる

ここでもうひとつ意識したいこと、それは**自分の心に余裕を持つ**ことです。状況についてはまったく余裕がないからこうして頼みに来ているわけですが、自分の心の中だけはほんの少しでよいので、余裕を持つようにしましょう。

なぜなら、**余裕があればお互いの立ち位置やこの先の状況を客観的に見ることができる**からです。

私たちは、**追い込まれるとついつい目先のことだけでいっぱいいっぱいになりがち**です。すると、何とか相手に「はい」と言わせようという自分中心の欲が出やすくなります。

特に表情に顕著に出る人が多いものです。怖い顔をして、鬼気迫るあなたを見た

相手から気持ちよくYESを引き出す

急な仕事を頼みたい時、相手から
「状況はよくわかるが、今は忙しいので無理」と言われた

今、とてもお忙しいのですね。
ちなみにどのような状況かうかがってもよろしいでしょうか？

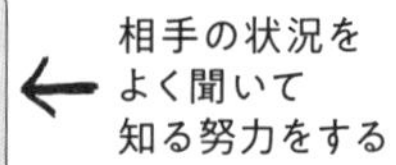

一週間後までに△△を提出しないといけなくてね。仕上げの作業に手間がかかるし、こちらも人手が足りないくらいなんだ。

なるほど、一週間後までに△△を提出しないといけないのですね。それは確かに大変ですね。もしよろしければ、うちの締め切りは明後日なので、それ以降でしたらお手伝いできますがいかがでしょうか。その仕上げの作業は以前やったことがありますので、やり方もおおむねわかります。

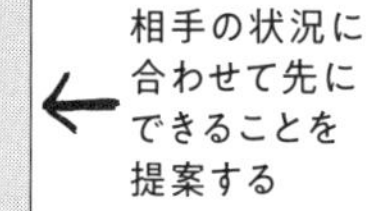

そうなの？　そうしてくれたら助かるなあ。

はい、お任せください！　そして、その前にできましたら〇〇だけでもお手伝いいただけないでしょうか。簡単な作業ですので、新人さんでも大丈夫ですし、お時間も明日中であればご都合のいい時で構いません。

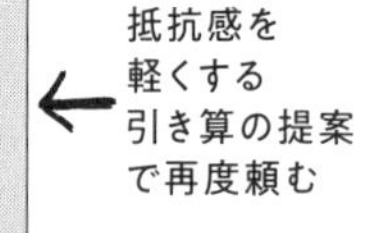

そうだよね。こちらもできることはしてあげたいし。
新人でもいいなら明日手伝いに行かせるよ。

双方が譲れるところを譲り合うのが、Win-Win。
片方が一方的に押し切られたという感情が残らないので、
今後も良好な関係がキープできる。

ら、相手は間違いなく防御の構えを取るでしょう。
どこかで**冷静さをキープして、頭の中では常に目的を見失わないようにしましょう。**

さらに言うと、余裕がないと相手の言葉をそのまま受け取ってしまい、自分なりの解釈に偏って話の真意が汲み取れなくなる危険性があります。
相手はすべてを口に出すわけではありません。ましてやお互いの意見が合わない時には、相手もこちらの出方を見たり、自分の意見をどのように通そうかと考えるので、より一層、本音や意図が言葉に出てこなくなります。

そして、**相手の言葉に出ていない思いを汲み取るためにも、何かひとつ質問をする**ことを意識してみてください。

「なるほど。もう少し詳しく状況をうかがってもよろしいですか？」
「どうしてそう思うのですか？」

質問はこのような簡単なもので十分です。あくまで相手の意図を知ることが目的なので、シンプルに短く掘り下げるほうが相手の言葉が出てきやすく、効果的です。

まわりくどい言い方はしない

言いにくいことを頑張って伝えようとした時に、話がまわりくどくなり、結局伝わらなかったということはありませんか?

はっきり主張するのが苦手な人ほど、よくあるパターンです。いわゆる〝クッション言葉〟を連呼して、気遣いが散りばめられた状態です。でも、**気を遣った表現をすればするほど、肝心なところがぼやけてしまい、何を言いたいのかがさっぱりわからない**、ということになるのです。

相手がせっかちだったり、ズバッと言える性格の人だと、まどろっこしくて聞いていられずイライラさせてしまい、逆効果になってしまいます。

例えば、メールで以前に質問をした件の回答を催促したい時。

「いつも大変お世話になっております。○○でございます。

「お忙しい中失礼いたします。先日、△△につきまして、メールにて質問をさせていただきました件についてのご連絡なのですが、もしそのメールが届いていないといけないと思いまして、まずはその確認でご連絡をさせていただきました。

メールは届いておりますでしょうか。

大変ご多忙でいらっしゃるこの時期に、誠に申し訳ないのですが、こちらの質問にご回答をいただけましたら、大変ありがたく思います」

この文を読んでどのように思いますか？

気を遣っていることはよくわかりますが、回答が早くほしい、という真意が伝わってきません。なぜ回答を求めているのかもわかりませんから、これを読んで「早く返信しなければ」と思う人は少ないでしょう。

研修でアサーティブを教えているとよく言われるのは、**「思った以上にはっきりと伝えていいんですね」**という感想です。

そうです。**お互いの意図をしっかりと伝えた上で譲り合うためには、まわりくどい言い方をするのは逆効果**となってしまいます。

アサーティブに伝えるということは、言葉遊びではないのです。

では、どのようにすれば、正しく伝わるのか。そのためには押さえておくべきポイントがいくつかあります。

①最初にプラスの言葉で押さえる

心は言葉の影響を強く受けます。そのため、相手からYESを引き出したい場合には、できる限りポジティブな表現で会話をしたほうが効果的です。

簡単なところで、**「ありがとうございます」**の一言を入れるかどうかでずいぶん印象が変わります。

例えば、誘ってもらったけれど、断りたい時の第一声で比べてみましょう。

【マイナス言葉】

「申し訳ありません。明日までの仕事を抱えているので、今日は難しいです」

【プラス言葉】

「お誘いいただきましてありがとうございます。ぜひ行きたいのですが、実は明日までの仕事を抱えておりまして、今日は難しいです」

最初の言葉がプラスになるだけで、印象は随分と違いますよね。

特に、「ありがとうございます」はアサーティブになるための重要なキーワードのひとつです。なぜなら、**ここでまず受け止めたいのは、誘ってくれた相手からの好意だからです**。それをありがたいと思っていることをまずは相手に伝えて感謝をすることで、この後の流れが変わるからです。

②理由を明確に伝える

断ったり、頼んだりするだけではなく、なぜできないのか、なぜ頼みたいのかの**理由を明確に伝えることが納得感を引き出す鍵**です。

さらにそこに、**相手にとってのメリットやデメリットが含まれていると効果的です。人は損得には敏感に反応する**ものです。これをすることでこんないいことがある、こんな困ったことになるという点が、相手の目線で理解できると一気に聞く耳を持ってもらえます。

先ほどの続きで、明日までに終わらせたい仕事を抱えている場合にも、プラスワンのメリット・デメリットを意識しましょう。

「明日までにこれが終わらないと次の方の段取りに影響が出てしまうので……」

「明日、少しでも早く仕上げたほうが、余裕を持って課長にチェックしていただくことができると思いますので」

「早めにできていれば、もし修正が必要になった時にも十分に対応ができるので」

ここでも相手にとって何が一番ありがたいのか、困るのかをイメージできるとより効果的です。

さらに、もうひとつのコツは、相手にこの先の段取りや締め切りを伝えることです。相手はこちらの仕事の段取りをさほどわかってはいないものです。この先どのような流れや期間で進んでいくのかを伝えると、「今、これをやらないといけないのだな」と理解してもらえるので、動いてくれる確率がアップします。

自分の意図を誤解なく伝えるためのステップ

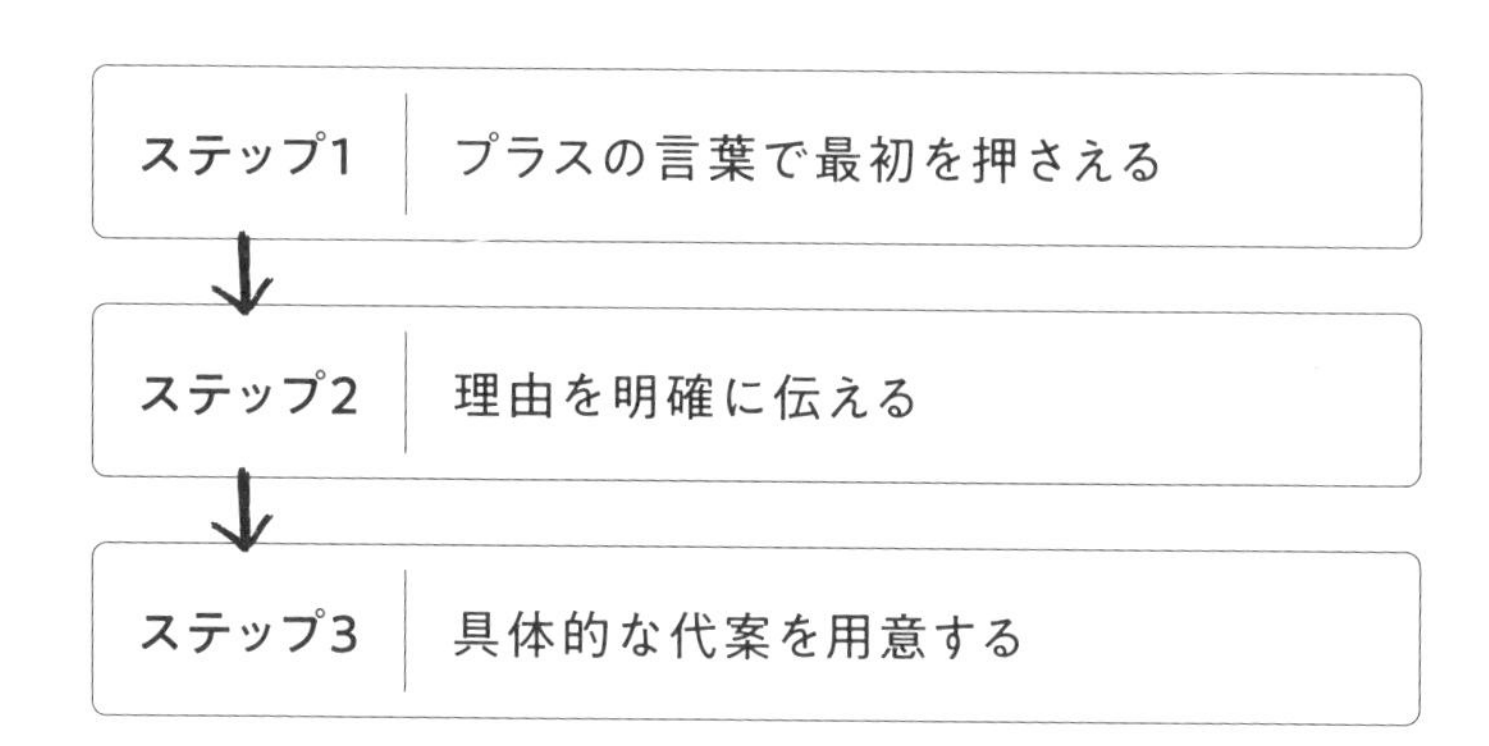

③代案を用意する

一方的な会話にならないようにするためにも、断るのならば他の日を提案する、頼むのなら他の方法などを提案することが大切です。

ここで気をつけたいのは、具体的に言ったほうが誤解なく真意が伝わる点です。

例えば、先ほどのお誘いを断る場合の言葉です。

「（断る理由）なので、残念ですが今日は残業を頑張ります。また誘ってください」

これがよく聞く言い方です。研修の中でも8割くらいの人がこのような言い方をします。悪くはないのですが、**受け取る人によってはこれを社交辞令と感じてしまうこ**

とがあります。

「本当は行きたくないのだろう」と誤解されるともったいないですね。

では、これを具体的にしてみましょう。

「(断る理由)なので、残念ですが今日は残業を頑張ります。もしよろしければ、今日は難しいのですが、改めて他の日にぜひご一緒したいです。例えば明日か明後日の夜はご都合いかがですか?」

具体的な代案をあげると、こちらの本気が伝わります。本当に今日は仕事で難しいけれど、一緒に行きたいと思ってくれている、ということが伝わるといいですね。

◆余裕のある女性は「相手を追い込みすぎない」

さらにもうひとつ大切なポイントがあります。

それは、引き算ができるかどうかです。

「窮鼠猫を噛む」と言うように、人は追い込まれると逆切れすることがあります。そこで、催促などをする時には、少し逃げ場をつくってあげることで相手の心が少し動き出します。

おすすめは、自分にもできることを提案することです。

先のお願いごとの時のように、自分が先に手伝いを申し出るというのもそのひとつです。

この時に意識したいのは、**どうしても譲れないところと、譲れるところを明確にすること**。これを明らかにしたほうが相手もどこを選び、頑張ればいいのかがわかるので、望む着地点に近づきやすくなります。

以前、仕事でつき合いのある協力会社様が主催するセミナーに受講生として招かれた時のことです。急きょお誘いをいただいたので、当日まで1週間ほどしか時間がありませんでした。

ところが、よくよく聞いてみるとこのセミナーには事前課題があって、課題図書を1冊読んで感想文を事前に提出することが義務づけられていたのです。

私はその1週間はほとんど研修の仕事が入っていたので、どうしようかと困っていた時、メールが送られてきました。

「大嶋先生、来週のセミナーのご参加、誠にありがとうございます。実はお知らせしましたように今回は課題図書について感想文をお願いしておりますが、もし難しければ事前の感想文はなくても大丈夫です。書籍も1冊すべてを読まなくても第1章だけしっかりとお読みいただければ、特に支障はありません。

大嶋先生がご多忙でいらっしゃることは重々承知しておりますが、ここだけでも目を通していただけるとセミナーの効果が大きく変わると思います。どうぞよろしくお願いいたします」

これを読んだ時、一気に気持ちが軽くなり、それと同時にやる気になったことを覚えています。

相手の方が私の状況をちゃんとわかってくれている、その上で、せっかく参加するからには成果が得られるように、と親身になってアドバイスをしてくれているのだ、と思えたからです。

このように**こちらの事情をわかってくれていると思えると、やはりうれしい**ものです。そして、**相手の都合ではなく、自分のためのお誘いやお願いなのだと思えると、人はやる気になります。**まさにアサーティブの神髄はここだと思います。

頼みごとや断りなどがうまくいかない場合によく見受けられるのは、言い方は丁寧だけれどよくよく聞いてみると、実は自分は一歩も譲らず一方的に要求を押しつけているというパターンです。

これでは、相手にしてみると、「なぜ私だけが一方的に我慢しないといけないのか、それはあなたの都合でしょう！」と思ってしまい、納得できないのです。

そのためにも、しつこいようですが、相手の状況を存分に知る努力と、言いにくいことを伝える勇気を持つことにぜひチャレンジしてみてください。

Let's answer the question.

Q1. 言いたいことが言えない時、
何があなたの心にブレーキをかけていますか?

→ 言いたいことを伝えるのは、相手への配慮です。

Q2. 自分の譲れること、譲れないことをわかっていますか?

→ 自分の都合ばかり主張するのはNG。
自分の中の優先順位を整理しましょう。

Q3. 相手の状況や要望、こだわりを知っていますか?

→ 相手の状況を聞いて、Win-Winの関係を保ちましょう。

Q4. あなたの主張や気遣いは、相手に届いていますか?

→ こちらの言いたいことの理由や期限も、
相手のメリットと共に伝えましょう。

Q5. どんな代案を用意できますか?

→ 引き算の案や逃げ道を用意すると
相手の気持ちが動きます。

3章

余裕のある女性の

「時間をコントロール
する力」

時間を味方にしていこう

時間に追われることには誰もが頭を悩ませた経験があるのではないでしょうか。
今、本書を手に取ってくださっている方の中には、毎日の仕事に追われ、必死になってやっているけれど終わらない。それなのに、働き方改革で会社からは残業するなと言われ、ますます時間が足りなくなるのに、成果だけは求められる。もうどうしたらよいかわからない！　と、頭を抱えている人も多いかもしれません。

そんな気持ち、痛いほどよくわかります。かつて、私もまったく同じ悩みで苦しんでいました。当時は今と労働基準法が異なり、女性は深夜残業ができないルールでした。そのため、男性社員とは違う時間枠で成果を出さなければいけなかったのです。
お客様に喜んでもらいたくて、成長したくて頑張っているのに、会社からはほめられるどころか、まるで悪いことをしているかのように言われたものです。あの時に、これを打破する方法を編み出していたらと心から思います。

◆時間に振りまわされる3つの落とし穴

①忙しくしている自分が好き

普通ならば、忙しい状況に直面した時点で工夫しそうなものですが、なぜ私はなかなか時間を味方にできなかったのか。それは心のどこかで「忙しくしている自分が大好き」だったからだと思います。**仕事ができる人ほど忙しい**と思っていたのです。

つまり、**「仕事ができる＝契約数が多い＝忙しくなる」**という図式です。そのため、忙しいと口では言いながらも、**心のどこかでそれを誇らしく思っていました**。本気で何とかしよう、と思っていなかったのですね。これでは改善するはずがありません。

頑張り屋さんでやる気がある人ほど、この落とし穴にはまりやすいと感じます。まず、最初の入口として、こうしたマインドブロックを外すことが大切なのです。

②完璧主義でこだわりが強い

真面目で完璧に仕事をこなすタイプの方は、女性にはたくさんいます。

自分自身で設定した高い基準のこだわりもあり、それに従ってきちんと進めていくので、まわりからは頼りにされているはずです。

ただ、ここにも落とし穴があります。それは、「**本当にそのレベルで仕上げなければいけないのか**」ということです。本当に上司やお客様が求めているレベルを見失って、自分のこだわりに囚われたまま頑張りすぎてしまうことがあります。

私も自分のこだわりで暴走をしていた時期があります。やるからには一番を取りたい、人と同じではなく自分独自の最高を目指したい、という思いから企画書ひとつつくるにも完璧を目指していました。

そのため、仕上がりのレベルはよくても、膨大な時間がかかっていました。それを見た上司に当時こう言われました。

「すべての仕事を全力で130%かけていたら終わるはずがない。80%でも勝てる案件はそれで勝ってこい。そうすれば本当に130%の力をかける必要があるものに時間をかけられる。**仕事は緩急をつけることも必要だ**」

おっしゃる通りです。でも、当時の私は頭ではわかっていても、それ以上に、お客様や上司からの期待を超える仕事をしたいと願い、そのためにはこうするべきなんだ、ということだわりから抜け出すことができていなかったのだと思います。

③人に任せられずに抱え込む

これもまた、多くの女性から悩みとしてあがってくるものです。

ある程度のキャリアを積むと、**正直言って人に頼むよりも自分でやったほうが早くて品質も高い仕事ができますよね。**そう思っていると、人に任せることができずに、あれもこれもと結局、自分で抱え込んでしまうことになります。

本来はキャリアを積んだら、いつまでも後輩と同じ仕事をしていないで、自分のレベルだからこそできる仕事にウェイトをかけたいところです。でも、後輩に任せられないので、結果一番忙しいのは先輩（自分）となってしまいます。

加えて、**人間関係を大切にする人も、頼まれると断り切れずにキャパを超えた仕事量を抱え込みがち**です。

この3つのどれかに当てはまると危険信号です。

この状態を続けているといつかどこかで破綻します。特に、ライフイベントなど変化があった時に、対応不能になってしまうのです。

ましてや、これほど頑張っているのに、その姿を見た後輩たちから「先輩はいつも大変そう。ああはなりたくないよね」、なんて言われたら立つ瀬がありません。

そんな状況を変えていくためには、どのようにしたらよいのでしょうか。

◆時間には自分のスタンスが現われる

この3つの落とし穴は、実は根っこにある原因が共通していると思います。仕事はそもそも**「何のために」**と**「誰のために」**がブレると大体おかしくなります。

実はこの3つとも、「自分自身のため」が原因となっています。振り返ると、かつての私は「お客様のため」と口では言いながら、**結局は自分自身のために頑張っていたのかもしれません**。

「仕事とは相手を喜ばせてあげること」です。自己満足ではなく、相手にとっての満足につながる仕事をしているかどうか、これが成果ということです。自分がやりたいからやる、こだわりを満たすためにやっている仕事でいくら忙しくしていても、まわりは納得しないでしょう。

◆この先時間はどんどんなくなっていく

20代の頃、本当に時間が足りないと思っていましたが、その後年齢を重ねると、「もっと時間はなくなっていく！」とわかってきました。

例えば、結婚をすると、独身の時に比べるとさまざまなことに時間が取られるようになります。家事もありますし、帰省からはじまり両家の親のことなど、なんだかんだと時間を取られるようになります。

さらに、子供ができると状況は一変します。子育てほど自分の思い通りにならないものはありません。それまでは完璧に自分で時間も仕事もコントロールできていた人ほど、ジレンマに陥ると言います。

介護も同様です。私はタイに住んでいた時、実家の母ががんになり闘病生活をしていました。海外と行き来する生活、仕事、子育て、介護のすべてが一緒にやってきたのです。介護については姉弟がいるのでひとりではありませんが、正直大変でした。

人生はいつどんなことが起こるかわかりません。その時に、自分自身が何かをあきらめなければならなくなるという可能性を少しでも減らすためには、**時間としっかり向き合う**ことが大切です。**誰にとっても限られた時間をどのように使っていくのか、それを決めるのは自分自身です。**

まずは現状把握から はじめよう

何に、どのように、時間を使うのか。限られた時間の中で自分もまわりも幸せになるためには、どのようにしていけばよいのでしょうか。ここからは実際に時間を味方にしていくための具体的な方法を考えていきましょう。

◆抱えていることを洗い出す

そもそも自分が今、どれだけのことを抱えているのかを把握することからはじめましょう。

それは仕事だけではなく、プライベートもすべて含みます。時間管理というと、つい仕事に関することだけを考えがちですが、私たちは1日24時間の中で、仕事も遊びも家事も子育ても趣味も健康管理も、すべてをしているのです。

①週末を書き出す

まずは、週末（休みの日）について、何にどのくらいの時間を使っているかを書き出してみましょう。それほどきっち

ある土曜日の1日（後悔バージョン）

時間	内　容	所要時間	心の声
0:00	金曜残業後、友達と飲み明かして帰宅		
	録り溜めた録画を見る	3時間	あー、やっと今週も終わったー!!
4:00	就寝		
13:00	起床		
13:30	朝昼兼用で食事	1時間	もうお昼か。何だか疲れが抜けない……
14:30	動く気になれず、さらにテレビ漬け	3時間	
17:30	クリーニングを出しに行くために身支度	30分	もうこんな時間。出たくないけどクリーニング出しに行かないとマズイ
18:00	散歩がてらクリーニング出しとコンビニで買い物	1時間	
19:00	帰宅後、夕食	1時間	
20:00	SNSチェック、友達とLINEトーク	2時間	
22:00	入浴	1時間	
23:00	洗濯	1時間	洗濯溜まってるんだよね。面倒くさいなぁ
24:00	就寝		何もしていないのに1日が終わっちゃった。あーあ……

りではなく、1時間や30分単位のざっくりで大丈夫です。

なぜ週末からなのかというと、仕事では時間を意識して動いている人でも、**週末になると気が抜けて意外と無駄な時間の使い方をしている**ことが多いからです。

そして、何よりも**週末が充実するとモチベーションが上がります**。

私は20代の頃、休みというとほぼ死んだようにひたすら寝て過ごしていたことがありました。平日の仕事で疲れ切ってしまい、起きたらもうお昼なんてこともざら。場合によっては疲れすぎて、デートすらも断ってしまうなんてことも。気づいたら貴重な休みなのに何もしないまま終わってしまい、どっと落ち込む……。まさしく悪循環でした。これではモチベーションが上がるわけがないですよね。

②平日の1日を書き出す

次に平日です。これは通常業務をしていた日で一番近い日を1日分書いてみましょう。平日は細かく15分単位で書いていきます。大変だったら、仕事をしている時間だけでも大丈夫です。できる人は仕事以外の時間、朝起きてから出社まで、帰宅してか

ある平日の予定通りに進まなかった午前中

時間	内　容	所要時間
9:00	始業・朝礼	15分
:15	メールチェック	15分
:30	企画書作成スタート	15分
:45	上司から急ぎの仕事が舞い込む	75分
10:00	↓	
:15		
:30		
:45		
11:00	企画書作成　続き	30分
:15		
:30	電話応対	30分
:45		
12:00	企画書作成　続き	60分
:15	↓	
:30		
:45		

※基本は15分単位

心の声

えー、今日は忙しいのに……

やっと終わった。もうこんな時間……

前の仕事に戻るのに時間がかかるのよね

あー、またつかまっちゃった

もー、午前中、結局何も進まなかったーやばい

ランチ行けないー、なのにちっとも進まない

ヒント

「企画書作成」のような仕事は大枠ではなく細かく分割すると達成感もあり、途中で他の仕事が入っても進めやすい。

例：①構想を練る　②資料集め　③作成　④チェック　など

ら夜寝るまでも書いてみてください。

さらに、1日としていますが、余裕がある人は何日間分か書くと、自分の時間の使い方の傾向がわかってくると思います。

仕事内容と所要時間をできるだけ細かく書きましょう。外まわりをする方は移動時間なども含めて詳細に。内勤の方は大きな変化はあまりないと思われがちですが、「1日中企画書作成」のようにざっくりではなく、「ここで電話応対」「ここで○○の資料集め」「文面作成」「△△の内容チェック」など、細かく思い出してみてください。そして、その仕事中に感じた心の声もメモしていくと、より具体的になります。

◆現状把握をするメリット

1日を書き出すメリットのひとつとして、それぞれの仕事の所要時間を書いていくと、**自分はその仕事をするために、どのくらいの時間がかかるのかが把握できる**ことです。実は、自分の仕事のスピードを把握していない人が意外なほど多いのです。

仕事のスピードを把握すると、現実的なTO DOリストをつくることができるようになります。

これまでに、ＴＯ ＤＯリストはつくったけれど、予定通りに終わらなかったということはありませんでしたか？　1時間で終わると思った仕事に、実際は2時間3時間かかってしまったとしたら、それは仕事の中身を正しく把握していないのかもしれません。

仕事は複数の作業から成り立っています。仕事を一つひとつの作業に分解して、それぞれ個別の時間を把握すると予定とのずれが少なくなります。

例えば、企画書をつくる仕事なら、資料収集、全体構想をまとめる、実際につくり込む、チェックしてもらい修正をする、提出用の印刷やメールをする、というようにいくつかの作業に分解し、それぞれに必要な時間を予測しておくということです。

書き出してみると気づく2つ目のメリットは、**無意識に時間を使っていた**ことです。やらなければいけない仕事があるのに、今やらなくてもいい単純作業をしていたり、メールが来るたびに手を止めて返信していたりしませんか。自分の時間の使い方、**無駄の傾向に気づくことができれば、後はそれをどのように減らせばよいかを考えるだけ**です。

モノも仕事も整理整頓で効率化する

◆ものを減らして空間を整理する

私は整理整頓するのが基本的に苦手です。ふと気づくと、ものも情報もそのまま溜め込んでいたりします。だからこそ、**意識して定期的に「捨てる」「整理する」**ようにしています。ポイントは、**本当に必要なものが、必要な時に、すぐに使える状態になっているかどうか**です。

文具メーカーであるコクヨの調査によると、「**一般的なビジネスマンは年間150時間、探しものをしている**」というデータがあります。月に約22日、年間260日勤務と仮定すると、1日約35分も探しものをしている計算になります。

確かに、パソコンに保存されているファイルや、キャビネットにしまってある書類を探している時間は、日常的に結構あるものです。もし、これが**1日5分で済めば、毎日30分間の余裕ができる**ことになります。

個人の**仕事レベルとデスクの整理整頓レベルは、比例関係にある**と思います。

私が会社員だった時、ひとりの後輩がいました。彼は、新人の時はデスクが汚くて引き出しの中も溢れていつも開きっぱなしだったのに、3年目になった頃から、実にデスクが整理整頓されてきれいになりました。すると、新人の頃は鳴かず飛ばずだった成績が、なんと3年目からは常にトップセールスに変わったのです。

デスクの整理整頓は、仕事レベルのバロメーターとも言えます。

◆捨てるか、取っておくかの基準

①他の人が同じものを持っている

これは、**自分が持っていなくても、簡単に手に入るので手元に置いておく必要がない**ということです。

旅行会社にいた時によくあったのは、観光地や食事場所のパンフレットを捨ててしまうと、また取り寄せるのに時間がかかる、という言い訳でした。

でも、自分しか持っていないと思っていても、意外と他にも持っている人がいるものです。これは、グループでひとつか2つ、その使用頻度に合わせて共有しておけば大丈夫です。

②異動先、転職先に持っていくかどうか

「もし異動したら」と考えた時に、個人文書であれば持っていきますが、共有文書は置いていきます。ここでいう個人文書とは、例えばプロジェクト資料の場合であれば、異動した先でも使い続ける仕事のひな形のようなものです。**今の職場でのプロジェクトに関する資料は共有文書**ということになります。

③他の人が見てもわかる状況をつくる

会社員だと異動などで他の人に仕事を引き継ぐことがあります。その時に、今の自分の仕事をすぐに引き継げるでしょうか。それは、同じ文書を持っていたとしても、誰が見てもわかるように整理されているかどうか、つまり説明をしないでもわかるかどうかが基準になります。

私の会社員時代の後輩で、実に整理整頓がうまい人がいました。修学旅行の営業だったのですが、学校ごとに1冊のファイルにまとめてありました。彼の口グセは、「明日異動になったとしてもすぐに引き継げますよ。このファイルを渡すだけですから」というものでした。これこそが、誰が見てもわかる状況です。

◆デスクをきれいにする時にやってはいけない3つのNG

NG1：2段置き

書類は立てて保管するのが大原則ですが、立てて置いてある書類の上に、さらに書類を重ねるのはNGです。

NG2：平積み文書

デスクの上にどんどん書類を重ねて置くこと。机の両端に書類が積み上がり、作業スペースがほとんどなくなっているのは論外です。

NG3：足元置き

デスクの下の足元スペースに書類や物品を置くこと。これがそのまま増えると椅子が入らなくなります。

この3点をすると、ものを探す時間が膨大にかかるだけではなく、**作業効率が落ちたり、さらには共有スペースを侵害する**ことにつながります。

基本は、少々お金をかけてでも、**ファイリング用具（ファイルボックス、ブックスタンドなど）**を用意して整理することです。

◆仕事の整理の仕方

いくら仕事をしても終わらない、どう考えてもこの仕事量で残業を減らすのは無理がある……。

このようにもがきながら働いている女性をたくさん見かけます。

ではここで、仕事の整理の仕方を3つのポイントで考えてみましょう。

①その仕事は本当にやる必要があるか

大量の仕事に追われていた時に、知人からされた質問がとてもインパクトのあるものでした。それは、**「やらないと決めるポイントは何ですか?」**というものです。目の前の大量の仕事を前にして、私は無意識に全部やり切らないといけないと思い込んでいたことに初めて気づいたのです。

仕事には目的があります。そもそも**この仕事は「何のため」にしているのか**を再確認してみましょう。

例えば、**やらなくても、実はあまり影響が出ないこと、以前は必要だったけれど今**

は状況が変わったり、代替策があるのでやらなくても大丈夫になったことなど、探してみると意外とあるものです。

今の時代だと企業の年賀状などがそうですね。ここ10年くらいの間に、年賀状をやめた企業がかなり増えました。

私たちは**「やっていること」で満足してしまいがち**です。「何のためにやるのか」「それをすることでどんな効果があるのか」「やらなければ本当に困るのか」の検証が必要です。

②自分がやる必要があるのか

これはそもそも論ですが、自分ではなく他の人でもできる仕事は、できることなら他の人に任せましょう。もちろん組織で仕事をしていると、すべてをコントロールするわけにはいきませんが、本来は自分しかできない仕事を、より一層高いレベルでやっていくのが理想です。

すでにリーダーのポジションにいる方は、自分がやっている仕事を、**A：リーダーとしての仕事、B：いちプレイヤーとしての仕事、C：雑務、などに分類してみま**

しょう。

リーダーにはリーダーの役割があります。これを果たすためにも、自分でなくてもできる仕事はどんどん委譲していきましょう。

自分自身が部下の立場の方は、そもそもまわりに任せる状況ではない人も多いと思います。入社3年目くらいまでは、仕事の基礎体力をつける時期でもあるので、自分で仕事をこなすことが必要になります。

若手の時は成長スピードが速いので、前年よりも進化している部分がたくさんあります。でも、それを同じようにやるのではなく、「今年はこのようにやっていこう」と意識することで、さらに仕事の質もスピードも変わります。そして、同じことをやっていても、前年とは一味違うところをつくっていくといいですね。

それぞれの人には役割というものがあります。自分がやらなくてもいい仕事、**苦手な仕事を自分で抱え込んでやるよりも、それに向いた人に任せることで「早い・安い・うまい」が実現します。**

③仕事はできる限りまとめてやる

忙しい人のところには常にいろいろなことが飛び込んでくるものです。その典型がメールです。メールが届くとつい気になってチェックし、そのまま応対処理に入ってしまい、気づいたら本来の仕事がまったく進んでいない、ということはありませんか？

これも、**「即レスしないといけない」という思い込み**があるからです。そもそも大切な商談に入っている時などは、絶対にメールを見ることはできません。緊急事態ならばメールではなく電話が来るはずです。

ですから、メールであれば1日の中でチェックするタイミングを決めておくことをおすすめします。出社時・昼休み明け・夕方前など、3回くらいでも支障はないでしょう。そのためにも、メールの通知音はオフにしておくことです。

これは事務仕事や社内の書類処理など、締め切りもあってやらなければいけないけれど、できるだけ効率的に済ませたい仕事におすすめです。

自分の仕事の中でまとめてできるもの、まとめたほうが効率のよいものを考えてみてくださいね。

優先順位のつけ方で仕事をスムーズにする

「仕事の段取りが悪いのを改善したい」

時間で悩む方の多くが口にする言葉です。やるべきことの山の中で埋もれてしまっている現状をぜひ打破しましょう。

仕事では優先順位をどのようにつけるかを知っておくことが大切です。

よくあるのは「緊急度」と「重要度」で分ける方法です。左ページの図をご覧ください。仕事が4つの領域に分かれています。これを見て、普段自分がしている仕事はどの領域が多いでしょうか？　そして、どこから手をつけるべきでしょうか？

もちろん、どう考えても、①「緊急度も高く重要度も高い」仕事はやるしかないですよね。でもここで、仕事の目的を考えてみましょう。仕事の目的はざっくり言えば、最終的に成果を上げることです。その観点からすると、実は最も成果を上げるのは、①ではないことが多いのです。

各仕事の優先順位を知ろう

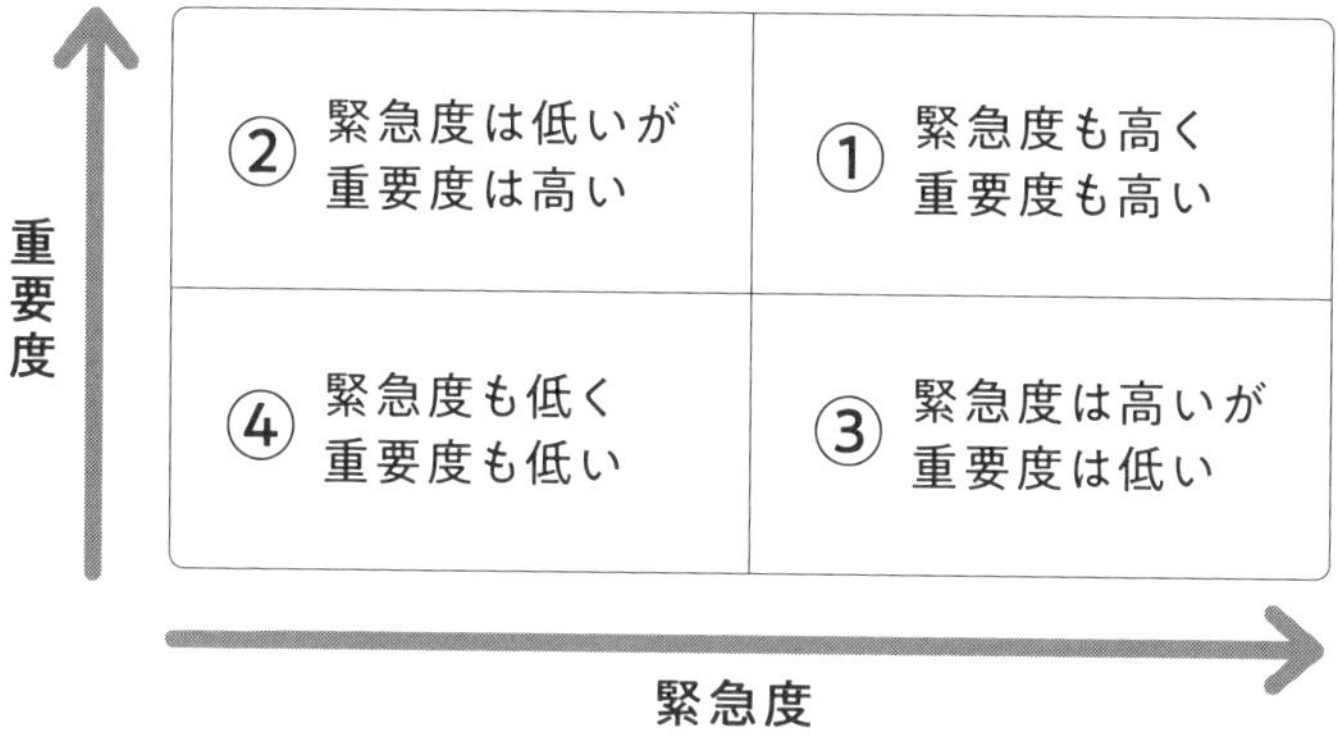

② 緊急度は低いが重要度は高い	① 緊急度も高く重要度も高い
④ 緊急度も低く重要度も低い	③ 緊急度は高いが重要度は低い

（縦軸：重要度　横軸：緊急度）

では、どこが成果を上げることにつながるのか。

それは、②**「緊急度は低いが重要度は高い」**仕事です。①はやるしかない待ったなし状態の仕事です。普通は真っ先に手をつけます。その仕事の典型はクレーム対応です。クレームは何をさておいても対処しなければいけません。後手にまわすと二次クレームを引き起こす可能性もあるので、初動が大切になるからです。

しかし、クレーム対応をしたことでどれほどの成果が上がるでしょうか。もちろん対応次第で、その後大ファンになってくださる方もいらっしゃいますから、必ずしも成果が上がらないとは言えませんが、多くの場合はそこまではいかず、言ってみれば「火事になってしまったので、火消しの作業をした」という場合も多いのです。

では、②は何かと言うと、**クレームの予防とも言える内容**が相当します。例えば、**先手を打って情報提供をしておく**ことでクレームを回避できたりします。この行動が②です。他に、**後輩の指導育成**も②です。指導育成は時間に余裕がないと後まわしにされる代表と言われます。しかし、忙しいからと言って育成を怠ると、後輩の知識や経験不足によってクレームにつながってしまうこともあります。

また、仕事が間に合わない時、早めに相談をしておくのも②です。それにより、相手にかける迷惑が最小レベルで済むので、結果的に信頼レベルもキープされます。

つまり、②をちゃんとやっておかないと①が増えるのです。①は待ったなしで対処することが必要です。だから、①が多ければ多いほど、その仕事に振りまわされて時間のコントロールができなくなるという悪循環に陥るのです。

ちなみに、③「緊急度は高いが重要度は低い」仕事の典型例をあげると、社内の書類などです。交通費の精算などは期日も決まっていて、守らないと経理の人に迷惑をかけてしまいます。いくら現場でいい仕事をしていても、締め切りも守れずに人に迷惑をかけては、やはり相応の評価になってしまいます。

③はやらなければいけないのですが、これが直接的に成果を生むかというとそうではないので、ついつい面倒に感じてしまうのです。ですからここは、まとめてやるとか、締め切りまで時間があってもやってしまうなどの対応が必要です。

最後に、④「緊急度も低く重要も低い」仕事。こちらは、まさに前述した通り「本当にやる必要があるか？」という点から再検討することをおすすめします。

まずは117ページの現状把握で書き出してみた自分自身の1日の仕事について、それぞれがどの領域に該当するかを考えてみてください。特に、自分だけで完結できなくてまわりの人がかかわる仕事、その先の工程の人がいる仕事は要注意です。

人の仕事の流れを止める人は確実に嫌われるので、締め切りの1割手前くらいの日程を目指しましょう。

無駄を省けば時間を制す

即効性のある時間のコントロールの仕方、それは**「いかに無駄を減らすか」**です。自分の行動を変えなければ絶対に未来は変わりません。未来は自分の行動の結果だからです。

①「とりあえず」で仕事を引き受けない

時間に余裕がない人にありがちなパターンNO・1はこれです。

例えば、営業職の人が客先で他のお客様から呼び止められて何かを頼まれたとしましょう。この時にもし時間がなくて、次の約束が迫っていたら、最低限の言われたことだけを聞いて帰ることになります。ところが、お客様はすべての依頼内容を口に出しているとは限りません。しかも急いでいたのなら、なおさらです。

つまり、**二度手間や不満足な仕事にしないためには、相手の意図をしっかりと引き出して確認する**ことが大切なのです。

これは社内の上司からの指示、他部署とのやり取りなどでも同じです。ここでは、「～～とは◯◯ということでしょうか？」「例えばどんなことですか？」「どんな背景から出てきたのでしょうか？」というように、一言二言質問をすると効果的です。ぜひ**一回で〝ことが済む〟やり方を目指して質問、確認する**ことを意識してみてください。

②待ち時間をつくらない

とかく作業に時間がかかる人は、**その作業をするために必要なアイテムが揃っていないために**、手が止まって待ち時間が発生してしまうことがあります。

自分だけではなく、相手の時間も同様です。例えば、締め切りまでに提出物を出さないことで他の部署や担当者の仕事が止まってしまう。段取りが悪いために急な対応をお願いしてその人の本来の仕事が止まる。上司のスケジュールを把握していないために、上司の動きが変わってしまう、などなど。

組織においては、どんなに性格がよい人であったとしても、**人の仕事の流れを止める人はよく思われません**。時間は自分だけでなく、相手にとっても重要です。人の動きを常に意識して準備をしましょう。

③一歩早目の報告で急ぎ対応を減らす

前項でも述べましたが、**先手を打っておかないことによって相手に振りまわされやすくなります。**

特に、外部のお客様や取引先、上司からの催促などは来てしまってからではコントロールが難しいので、**いかに催促されないようにするかが大きなポイント**になります。

研修をしていても、これができていない人ほど**休憩時間に電話に追われていたりします。**厳しいことを言うようですが、研修は何ヶ月も前から予定として決まっていることがほとんどです。その日は動きが取りにくくなることがわかっているのですから、お客様には前もって回答できることは伝えておくことです。さらにこの日は出張で連絡がつきにくくなる旨も伝えておけば、よほどの緊急事態でない限り、いきなり電話がかかってきて今すぐ対処しろなどということにはなりません。

せっかく貴重な時間を使って研修に来ているのに、お客様への対応で振りまわされて、その結果集中して学ぶことができなければ、それは成果を逃していることになってしまいます。

無駄の省き方

①	「とりあえず」で仕事を引き受けない
②	待ち時間をつくらない
③	一歩早めの報告で急ぎ対応を減らす
④	隙間時間を活用する
⑤	動きの無駄を減らす
⑥	ミスやり直しを減らす

④隙間時間を活用する

何時間も確保するのは難しくても、短い5分10分だったら、心がければつくれるものです。

ある程度の時間をしっかり確保して取り組んだほうがいい仕事もありますが、ちょっとした作業なら、意外とこうした隙間時間のほうが効率がいいこともあります。

例えば、私は電車に乗っている10分くらいの間に簡単なメールの返信をしたりします。内容によっては外で開けないものもありますが、支障ないものなら、メールをスマートフォンやタブレットに転送して処理しています。

さらに、**社内の書類**なども同様です。短い隙間時間の活用には、もし途中になってしまっても後でまた内容をしっかり思い出す必要がないような作業が向いています。**根を詰めて仕事をした後は脳も疲れているので、頭をあまり使わないような単純作業をすると気分転換にもなります。**

気をつけたほうがいいのは、〝隙間〟のつもりが時間がかかりすぎて、本来やるべき仕事に影響が出てしまうことです。その点からも、自分が作業するためにはどのくらいの時間がかかるかを日頃から把握しておくといいですね。

⑤動きの無駄を減らす

外まわりをしている営業職ならば、訪問先のまわる順番を整えて、**できるならば最短距離の一筆書きのようにまわることで移動時間の無駄を減らせます。**車の場合は、渋滞が激しい時間帯は避ける、家の近くの客先がある人は直行・直帰のいずれかと組み合わせて効率化を図る、などの方法があります。

ただ、これを実現するためには相手の都合もあるので、**早め早めにアポを取ること**が必須です。私は忙しい時期は2ヶ月以上先のアポを取ります。普通の方でしたら

2、3ヶ月先は空いていることが多いので、アポもスムーズです。

机の上の動線を整えるのも効果があります。
いつも使う文房具や仕事の備品などは手の届くところに、〝いつものセット〟として置いておくと、いろいろなところから取り出す手間もなく効率が上がります。

⑥ミスややり直しを減らす

小さなミスでもやり直しの作業は結構な手間になることがあります。例えば、請求書を一箇所、間違えて送ってしまったとします。先方からそれを指摘する連絡が来たら、その電話をしている時間、請求書をつくり直す時間、押印・宛名を書いて封筒に入れる時間、投函する作業など、一つひとつは些細でも足してみると結構なロスです。

ですから、**作業をする時にはミスをチェックできるような基準を決めておく**といいですね。5W1Hをチェックする、今までにミスしたところをピックアップしてチェックリストにするなど。作業には自分のクセが出るので、これまでを振り返ってみると参考になります。

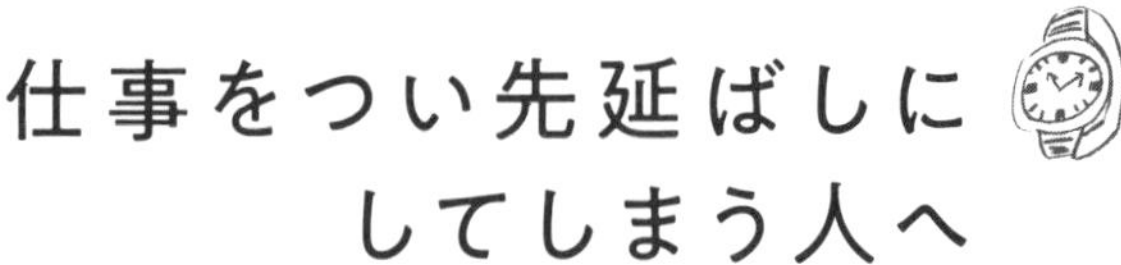

仕事をつい先延ばしにしてしまう人へ

今日こそはちゃんとやろうと決意を固めたものの、やる気が起きずなかなか手をつけられなかったり、ぎりぎりになるまでついつい先延ばしして、やりたくないと思ってしまうことはありませんか。加えて、やらなかった自分に対して自己嫌悪に陥ったりしたら、まさに悪循環です。

◆先延ばしにしてしまう自分を受け入れる

こうしたタイプの人が心がけたほうがよいのは、**先延ばしグセを直そうとしないこと**だと思います。これを何とか直そうとすると、**先延ばしにしている自分を責めてしまう思考に陥ります**。すると、さらに動きが鈍くなってしまうのです。

そもそも性格を簡単に変えられるのなら、誰も苦労はしません。ならば、変えない前提で対処法を考えたほうが現実的で、うまくいく確率が上がります。

◆先延ばしにしないための対処法

①まず助走をつける

何もしない、または他の誘惑に負けてしまうことが多い方は、**何でもいいから行動を起こす**ことです。

例えば、どうしてもその仕事をやりたくない気分の時は、**まったく関係のない仕事でもいいので、とにかくやりはじめてみる**ことです。例えばそれが交通費の精算でもいいし、メールの返信でもいいのです。手を動かしているだけで、そのまま軌道に乗れることもあります。まずは数分だけと思って、何かに手をつけてみましょう。

②仕事を分解してみる

難易度が高い仕事の場合、全体像や達成のイメージがつかめないと、スタートが切りにくくなったりします。こうした場合は**全体をいくつかに分割して、ステップを刻む**ことです。すると、助走代わりにもなり、そこから少しずつ無理なく取り組めることもあります。

また、**細かく刻んだステップにそれぞれ期限をつける**のもおすすめです。締め切りまで1ヶ月あると思うとなかなか手をつけなくても大丈夫と思ってしまいますが、この部分だけでも明日までに終わらせなければ、と思うと動けたりするものです。まず

先延ばしにしないための対処法

①	まず助走をつける
②	仕事を分解してみる
③	環境を変える
④	やらない怖さ、やったうれしさをイメージする

は仕事を細かく分解して、締め切りを設けましょう。

③環境を変える

例えば、最近増えたデスクのフリーアドレスのように、社内でも居場所を変えてみる。この時間はメールもネットも一切見ないと決める。まわりに「作業に集中したい」と宣言して電話に出ないなど、強制的に環境を変えるのがおすすめです。

最後の電話に関しては、私も会社員の時にやっていました。まわりに「今からこの資料作成のため、会議室で作業します。どうしても今日中につくりたいので、申し訳ないのですが、その間は電話をお願いできますか」という具合。宣言したからには絶対にやらないといけないので、エンジンがかかりやすくなります。
誰かとお互いに頼み合えば、持ちつ持たれつになって気も楽になります。

④やらない怖さ、やったうれしさをイメージする

人が動くのは、自分にとっての損得が絡んだ時と言われます。

例えば、やる気が起きない時には、「もしこれをやらなかったら、人にどんな迷惑をかけてしまうか」「自分の立場はどうなるか」「この先への影響は?」などとイメージしてみましょう。それが自分にとって嫌であればあるほど、やる気が起こります。

逆のバージョンで、うれしさをイメージするのも効果的です。「これをやった先にこんないいことがある」と思い巡らしたり、すっきりした自分の気持ちを想像したり。「自分へのご褒美」を決めるのもいいですね。

怖さとうれしさ。どちらが心に響くかは、その人のタイプにもよります。自分の心が惹かれるほうをイメージしてみましょう。

Let's answer the question.

Q1. あなたが時間に追われる理由は何ですか?

→ 時間の使い方は、まわりに左右されず、
自分で決めていきましょう。

**Q2. あなたの休日、平日のスケジュールを書き出してみて
どんな気づきがありましたか?**

→ 無駄な時間の使い方をしていないか、
自分の傾向を把握しましょう。

Q3. デスクまわりに、不必要な書類やものはありませんか?

→ 整理整頓はその人の仕事レベルに比例します。
「捨てる」「整理する」を意識しましょう。

Q4. 緊急度の高い仕事に振りまわされていませんか?

→ 優先順位を見直して、
より重要度の高い仕事に注力しましょう。

Q5. つい先延ばしにしてしまうクセがありますか?

→ 大丈夫です。小さな仕事で助走をつければ、
大きな仕事でも着手しやすくなります。

4 章

余裕のある女性の「頭と心の切り替え方」

切り替え上手になると、同じ毎日が変わる

「毎朝、仕事に行くのが楽しみになりました」
「考え方ひとつで、こんなに気持ちって変わるものなんですね」

研修を受けた方からよくお聞きする感想です。
頑張っているのにうまくいかず空まわりする、頑張っているのに報われた気がしない、そんなふうにもがいている女性をたくさん見てきました。そのたびに、かつての自分とその姿が重なりました。

会社員をしていた20代の頃、当時は今ほど女性の活躍支援制度もなかった時代です。正直に言って会社側も私に対してそれほどの期待をしていなかったのかもしれません。それでも、業界では初めての女性営業職として入社し、私なりに全力で頑張り続けていました。
しかし、頑張ってもなかなか結果は出ませんでした。新規

の契約を取るには3年かかると言われていた仕事の特性もありましたし、女性が活躍するための法律も整っていませんでした。

でも、**一番の原因は自分の心の中にあったように思います。**人に頼ることが苦手で、**とにかくがむしゃらに頑張ることしかできず、そして、うまくいかない現状を嘆いてばかりいたのです。**頑張れば頑張るほど、思うように動いてくれないまわりに不満が溜まっていきましたし、自分の力のなさに落ち込みました。

徐々に結果が出るようになったら、今度は時間が足りなくなりました。実は、本書で書いてきたことのすべては、当時の苦い経験からその必要性を痛感したものばかりなのです。

◆まずは知ることからはじめよう

そんなつらい時、私がこの業界に転じるきっかけとなった講師との出会いがありました。当時勤めていた会社で研修があり、その時の講師が私の人生の師匠となった人でした。

研修の内容は、ほとんどが「マインド」に関するものでした。

・自分の心を肯定し、整え、切り替えること

・相手のよさを認め、自分からかかわり方を変えること
・自分の未来に期待をかけ、可能性にふたをしないで、できると信じて動くこと

こんなことがベースでした。私にとって、「目からうろこが100枚は落ちた！」というくらいの衝撃でした。びっくりするくらい気持ちが軽くなりました。自分の人生はこれからまだまだいける、あきらめたくない、と思ったのです。

そして、その中でも最も新鮮だったのが、**「切り替える力」**でした。

その頃の私は、能力を高めることや、意欲を持って取り組むことばかりに目が向いていました。さまざまな状況をどのように捉えていくか、そしてその捉え方をちょっと変えるだけで、どれほどの変化があるのかを知らなかったのです。

今、私が研修でそれを伝えると、当時の私のように驚いた顔をする受講生の方がたくさんいらっしゃいます。

もちろん、こうしたマインドには、人によって合う合わないがあると思います。でも、**まずは〝知ること〟。そして、〝実践してみること〟からはじまるのです。**やってみることで、初めて合う合わないが見えてきます。

何もしなければ昨日と同じ今日しかやってきません。今もがいている人、今よりももっとよい状況にしたい人に、まずは知ってもらいたいと思います。

◆心が元気になると力が発揮しやすくなる

こうした「考え方」を知ると、どんないいことがあると思いますか?

一言でいえば、「やりやすくなる」ということです。

私たちは起きている時間の多くを仕事に費やします。ですから、仕事の悩みが減れば毎日の生活の質は確実にアップします。

例えば、受講生の方から悩みをお聞きすると、職場やお客様との人間関係、時間のなさ、能力不足で成果が出ない、やる気が出ない、やりがいが得られないなど、これまで本書で言及してきた悩みがたくさん出てきます。

これらの悩みに対して、「どのようにすればいいか」というスキルや方法論はいろいろありますが、それをやるかどうか決めるのは、自分自身の心です。

特に、やる気、やりがいなどは自分の中にしか答えはありません。**自分の心を決め**

深くなるのです。

るのは自分自身です。でも、私たちは自分の心を思うように動かせないので、悩みが

私もそんな悩みとストレスを抱えてがんじがらめだった時は、体調を崩したり、アトピーが悪化してしまったりとさんざんでした。

ところが、**こうした考え方を知って、自分の心を把握できるようになったら、驚くことに、まず顔のアトピーがうそのように消えました。**そして、人間関係がこれまた同じ会社とは思えないくらい変わりました。同じ環境で、同じ人が相手なのに、こんなにも変わるものかと驚き、もっと早く知りたかったと思ったものです。

もちろん、自分自身の行動を変えた結果ではありますが、その行動を変えることができたのは、マインドを変えたからこそでした。

心を整える方法を知れば、自分で毎日を変えていくことができるようになります。そうすれば、いつでもどこでも、どんな環境にあっても、自分の望む毎日に近づくことができるのです。

自分を後まわしにしない

私の友人で看護師をしている女性がいます。彼女がこんなことを話してくれました。

入院患者さんのお世話をしている時に言われた、衝撃的な一言のことです。

入院しているお年寄りの患者さんの体をきれいに拭いてあげていた時、その方が彼女の顔を見てこう言ったそうです。

「疲れた顔をしてるなぁ。あんたのほうが入院が必要なんじゃない？」と。

この一言に彼女はハッとしたそうです。本当に、その時彼女はとても疲れていました。

仕事は忙しく、後輩の指導もしなければいけない。家に帰ると家事や子育てで休む暇もない。

それでも、患者さんが少しでも快適に過ごせるように、と頑張り続けていたのです。

ここで、**「シャンパンタワーの法則」**という考え方をご紹

シャンパンタワーの法則

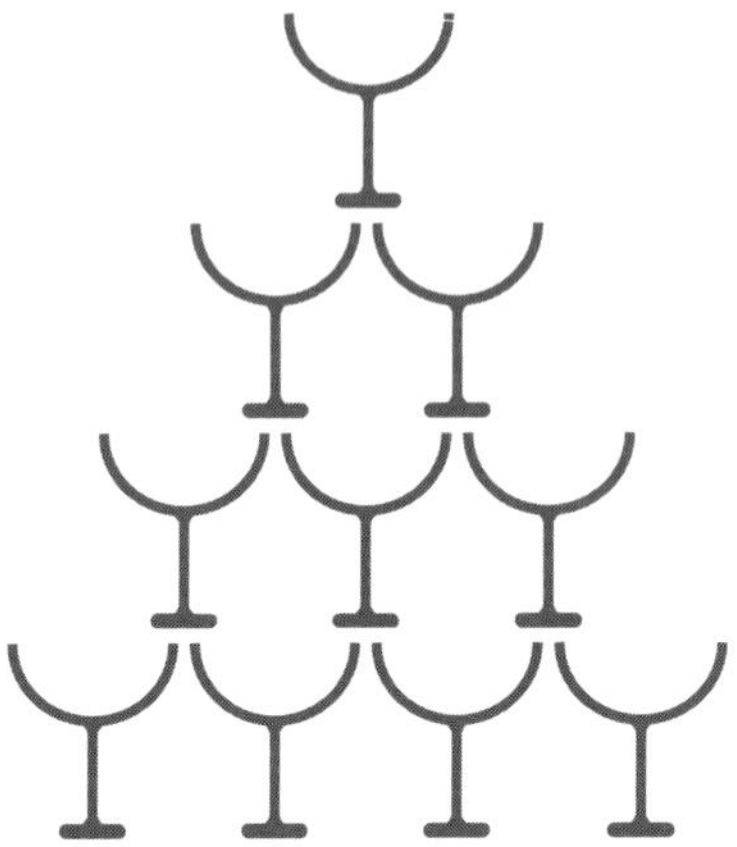

介しましょう。

結婚式などで登場することがありますが、シャンパングラスをピラミッド状に積み上げたものをシャンパンタワーと言います。上からシャンパンを注いでいくと、溢れたシャンパンが順繰りに下の段のグラスを満たしていく、とてもきれいな演出です。

この法則では、**てっぺんのひとつのグラスを自分自身、2段目は家族、3段目は共に働く仲間や友達、4段目はお客様**と見立てています。

ここで質問があります。

「あなたなら普段の生活の中で、どこから満たそうとしますか？」

「満たす」とは、その人を喜ばせてあげたい、満足してもらいたい、幸せにしてあげたい、と思うことを指します。

もちろん、あなたがどう答えたとしてもすべて正解です。その人その人の考えがあるのですから。

前述の友人は、自分以外のグラスを一所懸命に満たそうとしていたのでしょう。家族を満たし、仲間を満たし、そして患者さんを全力で満たしてあげようとしていたところ、あの言葉を言われてしまったのです。

◆まず自分から満たす

これは、決して悪いことではありません。まわりの人、大切な人を大切にするのは自分を満たすことにもつながるからです。でも、あえてここでは**「まず自分から満たす」**ことをおすすめします。なぜならば、**私たちは「ないものは出せない」からです。**

誰かを幸せにしてあげたくても、自分自身が愛とエネルギーがない空っぽの状態では、分けてあげることはできないのです。

もし、会社の上司がいつも余裕のない表情で仕事に追われ、つらそうにしていたら部下はどう思うでしょうか。口を開けば愚痴と文句と人の悪口。マイナスの指摘ばかりしている人のそばに近寄りたいと思うでしょうか。

おそらく部下は、「上に立つと大変そう。ああはなりたくないよね」と思うでしょう。

そう、**私たちは思った以上に自分の在り方をまわりから見られているのです**。その在り方がまわりに大きな影響を及ぼすのです。

これは仕事だけではなく、大切なプライベートについても同じです。

子育て中の人、親の介護をしている人、それぞれに全力で頑張っていると思います。そして、**頑張っている人ほど、「自分が頑張らなきゃいけない」という思いに心が囚われやすいのです**。

しかし、怖い顔、焦っている顔、疲れた顔でお世話をされても、受け取る側は居心地が悪く、素直に喜べないかもしれません。

やらなければいけない（must）ではなく、やりたいからやる（want）。

そのほうが受け取る側もうれしいと思います。

どんな気持ちでやっているかが大事であるにもかかわらず、ついつい自分の状態に気づかずに、ただひたすらに相手のことを考えて頑張ってしまいがちなのです。

だから、まず自分から満たすというのは、わがままでも自己中でもありません。大切な人を大切にするためには、自然に溢れ出る愛とエネルギーが必要なのです。

つまり、自分自身を満たすことができるからこそ、大切な人も幸せにすることができるのです。

“こうでなければならない”の思い込みを外す

突然ですが、ここで実験をしてみましょう。

今、お手元でメモができる人は、ペンを準備してください。

書くものがない方は、イメージしながら、そのイメージと同じサイズのものを探してみてください。

では、質問です。

「1円玉は、どのくらいの大きさでしょうか？」

思い出しながら、書くかイメージしてみてください。

これは、研修でもよくやるワークです。

簡単な質問ですが、ドンピシャで1円玉の大きさを書ける人はごくわずかしかいません。**ほとんどの人は実物よりもずっと小さく書きます。**

これはなぜかというと、ほとんどの人は1円玉は、「コイ

1円玉を書いてみよう

記入欄

ぜひ実際に書いてみてください。

ンの中で一番小さいもの」という思い込みがあるからです。事実、一番小さな硬貨ではありますが、「すごく小さい」という思い込みが強く入っていることが多いのです（159ページに実物サイズがあります。ぜひ比べてみてください）。

◆自らの思い込みに囚われている

これは他のことでも同じような思い込みがよくあります。

「営業は社交的でコミュニケーション力が高い人が向いている」「自分が完璧じゃないのに、OJTの担当になって後輩の指導なんてできない」などなど。

果たして本当にそうなのでしょうか。私の知り合いには、口下手で人見知りだけれど、トップ営業の人もいます。受講生の方の中には、入社2年目で知識や経験はまだまだという人でも新人をしっかり育てている人もいます。実は、ほとんどの場合、**生き苦しさをつくり出しているのは、自分自身の思い込み**だったりするのです。

例えば、研修中に講師から何か質問をされた時、その答えがはっきりとわからなかったらどうしますか？　おそらく目をそらすか、黙り込む人が多いのではないでしょうか。それは、「ちゃんとした答え」つまり「正解を答えなければいけない」と思っているからです。「先生に聞かれたら正しい答えを言う」という刷り込みが学生時代からずっとなされているのです。

仕事でも、もし急にリーダーをやるように言われたらどう思いますか？「えー、私には無理！　そんな力ないし」「子供も小さいし、ただでさえ時間がないのに、これ以上は無理」、こんなふうに思ってしり込みする女性がたくさんいます。

しかし、ここにも、もしかしたら次のような思い込みがあるのではないでしょうか。「リーダーは完璧にやらないといけない」「リーダーは人も仕事も管理しなければいけない」「リーダーはすごい人がやるものだ」などなど。

意識調査をすると、今は、バリキャリでもゆるキャリでもない中間のポジションを望む人が圧倒的に多い時代です。それなのに、リーダーや管理職というと、昔ながらのバリキャリのイメージがまだ残っていませんか？　今は、バリバリやるのが得意な人はそのスタイルでやればいいし、そうでない持ち味の人は**自分のよさが活かせるスタイルでリーダーをやればいい**のです。

◆思い込みを外すための質問

まずは、「こうでなければならない」というたくさんの思い込みに囚われていることに気づくことからはじめましょう。

その時に有効なのは、**「本当に？」**という質問です。

「本当にそうなのかな？」と自分で自分に質問をすると、ハッと気づくことがたくさんあります。何かを選ぶ時も、本当にやりたくてそれを選んでいるのか、立ち止まって考えてみることも必要です。

私は大学に入学した時、当時大流行だったテニスサークルに入りました。でも、

「本当にやりたかったのか？」と振り返ると、そうでもなかったなと思います。もちろん、やりたくなければ入りませんが、〝一番やりたかったこと〟ではなかったと思います。「一緒に見学した友達が入りたいと言ったから」「多くの女子がテニスサークルに入っているから」「メジャーなサークルに入れば情報もたくさん入ってきて便利だから」。理由はこんなところでした。もし今、当時に戻れるなら、他のことを選んだと思います。あの頃の私は、〝本当に興味を持っているやりたいこと〟という自分の気持ちに気づいていなかったのです。

人の心が満たされ、モチベーションが高まるのは、自分自身が大切にしたいこだわりや価値観が満たされた時です。「これは譲りたくない」「これをやりたい」、こうしたことが満たされると、理屈ではなく夢中になり、そんな時に力が発揮されたりするのです。

自分の大切にしたい価値観に気づいている人は少ないものです。多くの人は、建前とかまわりからの期待とか、役割に縛られて、それが自分の意志であるかのように口にするのです。

実際の1円玉のサイズ

あなたの書いた1円玉のサイズとどのくらい違いましたか?

さらに、「本当に?」に加えてこんな質問もしてみてください。

・どんな時にあなたはうれしかったですか?
・1日の仕事の中で、いい顔をしていたのはどんな瞬間でしたか?
・時間が経つのも忘れて夢中になって取り組んだのはどんなことでしたか?

質問に答えていくと、少しずつ自分の心の深いところにある価値観に気づくことができるかもしれません。「本当に?」は自分の思い込みや建前を外すためにはとても有効な質問で、**この質問を3回繰り返すと、途中から答えが変わる人がたくさんいます**。そのくらい、私たちは「ねばならない」に縛られているのです。

女性にはこういった思い込みが強い人が多い気がします。真面目な頑張り屋、向上心が強い人、責任感が強くなんでも自分で抱え込んでしまう人などなど、みんな自分の心を見て見ぬ振りをしながら、走り続けているのです。

何のために、誰のために頑張るのか、この価値観が満たされないと、仕事がだんだんとつらくなってしまいます。

大切なのは、長く続けられることです。どんなに頑張っても、一瞬だけ燃えてその後燃え尽きてしまっては意味がありません。私たちの人生はまだまだ続くのですから。

自分の心の
素直な状態に気づく

では、モチベーションを長く持続させるためにはどのようにしていけばよいのでしょうか。
少しワークをしてみましょう。

ここにグラスがあります。これをあなたの心だと思ってください。

では、質問です。

「今日の自分の心はどのくらい満たされていますか？」

ちなみに〝満たされる〟とは、自分の心がイキイキしたり、元気に前を向いたり、やる気が起きたり、満足している状態だと思ってください。

いかがでしょうか。人によってどのくらい満たされているかは違いますよね。ちなみに、これは150ページに出てきたシャンパンタワーの一番上のグラスです。

あなたの心は
どのくらい満たされていますか？

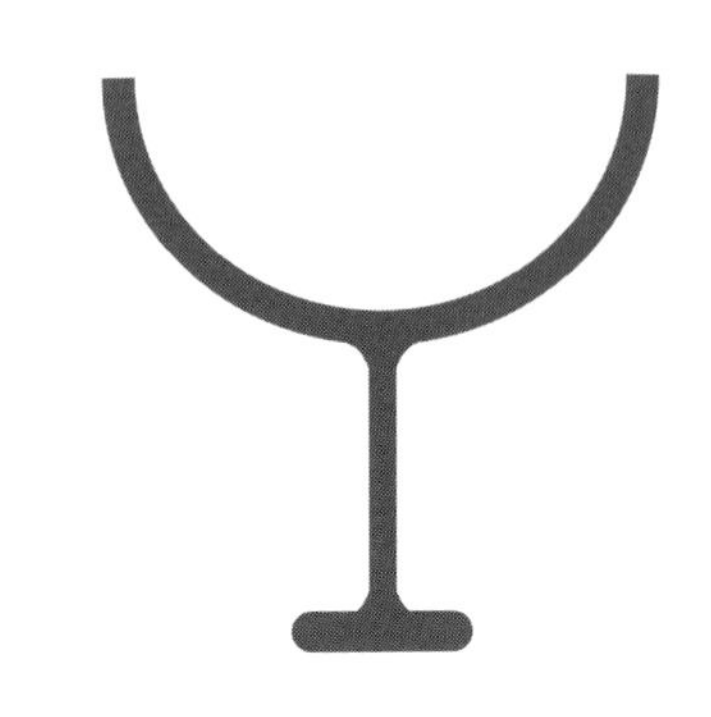

実はこの時、私たちは心の中で無意識にこう思っていることが多いのです。「きっと満タンが理想なんだろうな」と。

確かに満タンに満たされていたら、その日1日イキイキ元気で幸せだと思います。でも、365日溢れっぱなしということはありえません。疲れている日もあるし、落ち込んでつらい日もあります。

ですから、**量は多くても少なくてもどちらもアリ！**　なんです。

ここで大切なことは、**「今日の自分の心の状態に気づいているかどうか」**です。自分の心が疲れてつらくなっているのに、それに気づかないで、一所懸命に人のため、会社のため、家族のため、と頑張り続けたら、いつかは自分の心が折れてしまうかもしれません。

つらい時に「つらい！」と言って泣ける人は、ある意味安心だなと思います。それは、自分の心の状態に気づけているからです。

◆人と比べない

もうひとつ。こういった時に皆さんが気にするのはまわりの人との差です。

例えば、隣の人が満タンで溢れるくらい満たされているのに、自分は1割程度だとしたら……。その人はきっとこのように言うでしょう。「あなたはいいよね。そんなにいっぱいだもん。私なんてこれだよ」と。

普段から私たちは人と自分を比べて、自分の現在地を確認しがちです。

しかし、**人には得意不得意があります。**新人の頃を思い出してみてください。同じスタートを切っても、飲み込みが早くあっという間に身につけていく人もいれば、要領が悪くて習得に時間がかかるタイプもいます。でも、**ここで焦って自分を見失うと、ますます余裕がなくなって、できるはずのこともできなくなってしまいます。**

ですから、**比べるなら他人ではなく、昨日の自分**と比べましょう。なりたい自分は人によって違いますし、目指すゴールも違うはずです。だから、人と比較するのは危うさこそあれ、プラスにはならないことが多いと思います。

◆無理やりプラス思考でなくてもいい

「プラス思考」はよい言葉として使われることが多いと思いますが、これまた思い込みになって自分を苦しめていることがあります。

中にはマイナス思考の言葉を口にしている自分を責めてしまう人がいます。「こんなふうに思っているからダメなのよね……」といった具合に。

でも、**マイナスに考えることをやめるのは不可能**だと思います。私たちには「認知」という機能があり、マイナスの出来事や環境、思うようにならない現実や人の態度があると、当然マイナスに捉えます。

そのマイナスに考えている自分を責めるから、ストレスが溜まって疲れるのです。

「マイナスに思ったって別にいいじゃないか」くらいの心持ちでいましょう。

大切なことは、**「目の前の現実をマイナスに捉えている」自分に気づく**ことです。

ここに気づくことができれば、後は切り替えていくだけです。

「うまくいかない状況」の切り替え方

まず、気持ちや思考を切り替える前に、**「そもそも目の前にある現実のほとんどは変えることができない」**ということを知っておきましょう。

例えば、天気、世の中の出来事、相手の感情や行動など、どれも変えることはできません。**唯一変えることができるのは、自分自身の行動だけです。**自分自身の感情でさえ、そう簡単には変えることはできません。だからこそ、現実をありのままに受け止めることがまずスタートラインです。

◆アフォードチェンジステップ

①現実をマイナスに捉えていることに気づく

例えば、社内の人間関係が悪く、いつも冷たくされ、お願いごとも気持ちよく聞いてもらえないとしましょう。

心の中では、「どこかでわかってもらえる」と思っていても、相手とは利害も含めた立場や性格もタイプも違います。

「今回お願いした仕事を気持ちよく受けてもらえなかった」

という現実があるだけなのに、マイナスの捉え方をしてしまうのです。

「私のことが嫌いなのかも」「あの人は人によって態度が違う、嫌な人だ」など。そうすると、その**相手に対して、苦手意識や嫌いだという感情が芽生える**ので、他の機会にもその感情を引きずってしまうのです。そうなると、それが言動にも影響してくるので、ますますうまくいかなくなる、という悪循環になります。

しかしここで、マイナスの思考になっていることに気づくことができれば、「今回は聞いてもらえなかった」というひとつの事実だけに踏みとどまることができるのです。

②マイナスに捉えた現実をほんの少しだけプラスに考えてみる

マイナスに捉えていることに気づいたら、その捉え方をほんの少しだけプラスに変えてみましょう。

例えば、私はよくこのように思うことにしています。

「やり方が合っていなかった」

つまり、「**この場合、この言い方、頼み方では相手からＹＥＳは引き出せないのだ**」

という捉え方です。

自分が悪いわけではなく、相手が悪いわけでもない。でも今回のこの場面では、この言い方では聞いてもらいにくかった。このタイプの人には、この言い方では通じない、という具合です。

コツは、**「ほんの少しだけプラスに変える」**ということです。ここでありえないくらい大きく変えようとすると、無理やりのプラス思考になってしまいます。

ほんの少し変えるとは、**「確かにそうかも」**と思えるくらいのレベルということ。この場合ならば、「大変な時に話しかけてしまったのかもしれない」「このタイプの人にこの接し方は嫌なのかもしれない」などです。

③心が落ち着いたら行動が変わる

ほんの少しでも捉え方を変えると、気持ちが少し軽くなったり落ち着いてきます。気持ちに余裕がない状態だと、他のことを考えられなくなったり、悪いほうにばかり考えてしまったりしがちです。

心は行動のベースですから、心が落ち着くことで行動の質が変わるのです。

例えば、相手に苦手意識や嫌いという感情を持ったままだと、次に何かを頼む時にも表情に出たり、腰が引けるような言い方になったりするのです。すると、その**行動の結果が未来の現実をつくる**のです。

◆切り替えが難しい時は、言葉から入る

ここで考えてほしいのは、どのように切り替えて捉え方を変えたとしても、最初の現実は変わっていないという点です。ここはマイナスの状況のままで、変えることはできません。

しかし、その状況をマイナスに捉えていることに気づかないまま引きずってしまうと、**未来の現実まで自らマイナスにしてしまう**のです。

考え方がもともとマイナス思考になりやすい性格の人もいます。そこでおすすめは、気持ちや考えを変えられない時は、「言葉だけでも変えてみる」ことです。

マイナスのことがあった時、その後に**「だからこそ！」**とつぶやいてみましょう。

すると、この言葉の後にはプラスの言葉が出てきます。

現実の捉え方で結果は大きく変わる
~アフォードチェンジステップ~

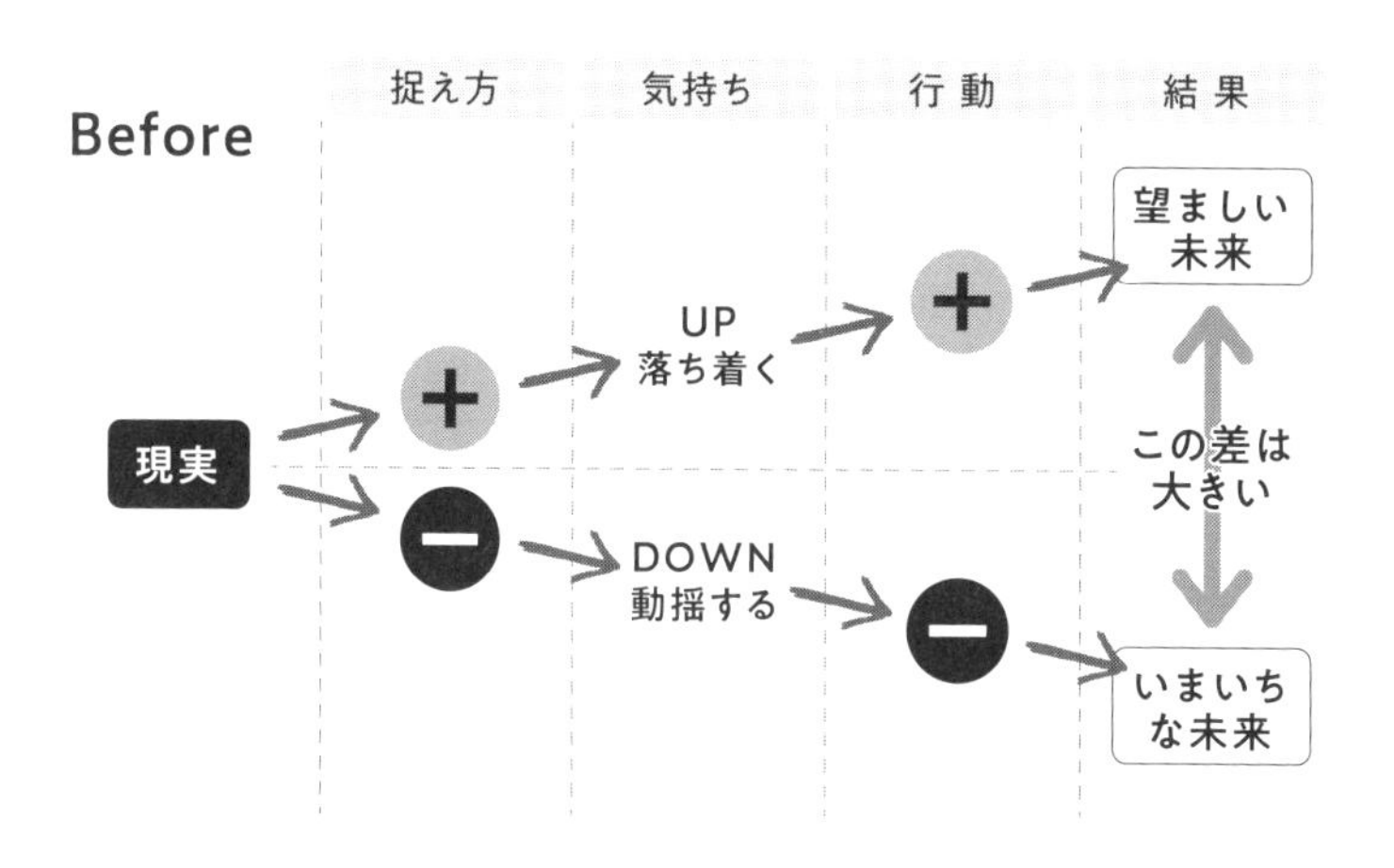

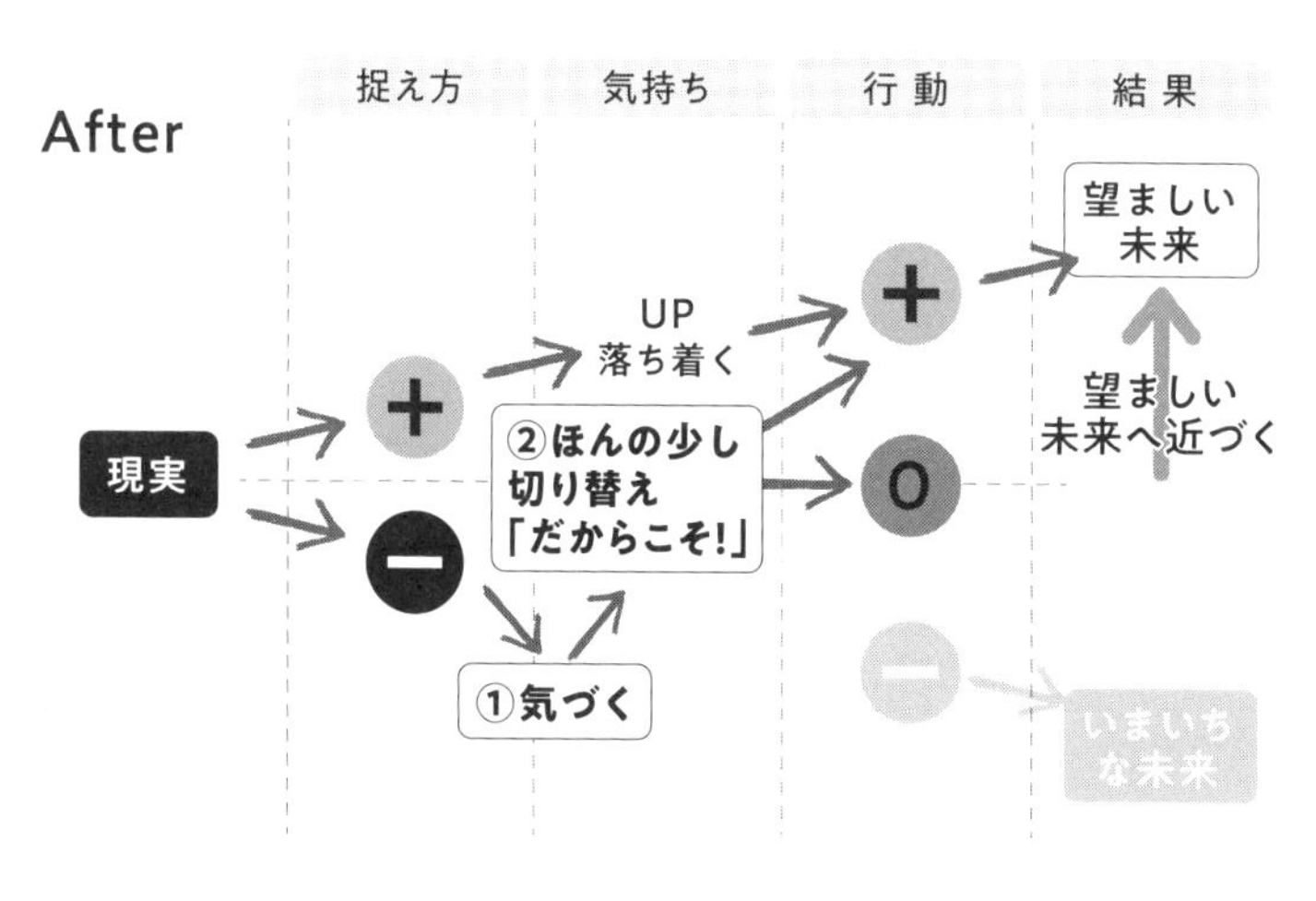

・**頑張ったのにうまくいかなかった↓だからこそ！⬇**このやり方ではうまくいかないことがわかった。もしもう一度チャンスがあるなら、どのようなやり方に変えられるだろう？

・**失敗して思いっきり落ち込んでいる↓だからこそ！⬇**落ち込んだ時どんな気持ちになるかがわかった。後輩の指導の時にこの経験を活かそう。

心がついてこない時は誰にでもあります。落ち込みが深いと、なかなか立ち直れないこともあります。それでもいいのです。心から切り替えて元気になれない日は、形から入るだけでもいいのです。

言葉や表情は、自分の意志で今すぐに変えることができます。形だけだとしても、その笑顔や言葉を見たり聞いたりたまわりの人は、いい反応をしてくれるかもしれません。それを見ているうちに、少しずつ元気を取り戻す、これもアリです。

自分の状況に合わせて、できるところからやってみてください。

いいこと探しのアンテナを立てる

自分の心のグラスが空っぽで、落ち込んでいることに気づいた時、自分の意志で満たすことができたら安心です。グラスの中が減ることが怖くなくなります。

グラスを満たすためにはいろいろな方法がありますが、まずは**気分転換**することです。あなたは好きなことはありますか？　はまっている趣味でも、スポーツでも、食べること、寝ること、子供と遊ぶこと、何でもいいのです。これをしていると気持ちが切り替わるとか、これを週末にするのを楽しみに仕事を頑張れる、などなど。これがあると心強いです。

大人になると、**「好き」**なことをあまり意識しなくなりますが、すごいレベルでなくても、**ちょっとうれしい、ちょっと楽しいというものでも十分**です。特に、仕事と休みとのメリハリをつけるためにも、**休みの日に楽しみを用意する**のがいいと思います。

私は体を動かすのが好きなので、ジムに行ってひたすら筋トレをするなど、自分なりのお楽しみを用意しています。

◆毎日のささやかな〝いいこと〟に目を向ける

毎日が忙しくて、趣味などをやっている余裕がない、という人もいると思います。仕事が忙しい、子供が小さくて手がかかる、介護をしている、自由に使えるお金がない、などなど、できない理由はたくさんあります。

そこでおすすめなのは、考えるだけでもOKということです。実は、私たちの脳は現実と妄想の区別がつかないと言われています。つまり、**現実に行動しなくても、考えただけでも効果はある**ということです。

忙しくて時間がない時に、さらに趣味に時間もお金もかけるとなると、プレッシャーで余計ストレスになりますよね。そこで、ここも無理なくできることとして、毎日の生活の中にある〝いいこと〟探しをするだけでも心は元気なっていきます。

小さなことで十分です。通勤の電車で座れた。今日のランチがとてもおいしかった。ちょっとしたお手伝いをとても喜んで感謝してもらえた。セールでお気に入りのものを買えた、などなど。もちろん大きな出来事でもいいですが、**ほんの些細な日常**

「いいこと」に目を向けよう

あなたはどんな時にうれしかったですか?

1日の仕事の中でいい顔をしていたのは、
どんな瞬間でしたか?

よく口にしているのはどんな言葉ですか?

価値観のヒント

の出来事に目を向けて、うれしいと思える感性を持つのはとても素敵だと思います。

これは自分の中で思うだけでもかなり効果はありますが、人と話すのもおすすめです。例えば、朝出勤した時、同僚との挨拶代わりに「ねぇ、ちょっと聞いて～」と軽くおしゃべりするのもいいですね。自分のことではいいこと探しができなかった日でも、**人のいいことを聞いていると気持ちが上がってくる**ものです。

こうしたいい言葉を口にしていると、プラスを好む人がまわりに集まってきます。**「意識していい言葉を口にする」**という方法は心を整える効果が抜群です。

1日の中で気持ちを切り替えるタイミングを決めておこう

私たちは目標を立てる時などに、「○○を意識する」という言い方をします。でも、これって実はとても難しいのです。例えば、よく接客業の方が「笑顔を意識する」と言いますね。確かに大事だけれど、やらなければいけないことが山盛りの中で、私たちは1日中表情のことばかり考えてはいられません。だから表情筋のところでも書いたように、意識するだけではなく、筋トレもしたほうが現実的なのです。

それと同じように、意識しないでも心を整えられるように、1日の中で気持ちを切り替えるタイミングを決めるといいですね。

◆おすすめは「夜寝る前」

日中だと忙しくてつい忘れてしまうので、おすすめは夜寝る前です。

私は布団に入ってから、その日のうれしかったことを思い出して寝るようにしています。どんなに大変だった日でも、探せば何かひとつくらいはいいことがあるものです。思い出せなかったら、誰かの笑顔でもいいですね。

心を整えてから寝ると、睡眠の質が変わると言われています。よく眠ったはずなのに、朝起きたら疲れが抜けていないという経験はありませんか？

これは、ストレスを抱えたまま寝ると、脳はちゃんと休めないからと言われています。確かに私も会社員の頃によくありました。繁忙期になると、仕事の細かい手配がきちんとできているか、漏れはないかなどのストレスで嫌な夢を見て飛び起きるという毎日でした。質のよい睡眠とはほど遠いものでした。

気力は体力と連動します。若い時は体力があるので、無理がきくだけについつい生活リズムが乱れがちな人もいるでしょう。しかし年齢を重ねていくと、だんだんと無理がきかなくなりますので、いずれにしても心だけではなく、体も含めて整えていくことは大事です。

睡眠はその中でも特に大事だと言われています。気持ちのよい朝の目覚めのためにも、心を整えて寝ることをぜひ心がけてみてください。

Let's answer the question.

Q1. 頑張っているのに、どこか報われない、満たされない、と心がザワつくことはありませんか？

→ 心が元気になる考え方を知って、行動を起こしましょう。必ず変化があります。

Q2. こうでなければならない、と思い込んでいることはありませんか？

→ 思い込みで苦しくなったり、あきらめてしまわないためにも、自分へ「本当に？」と質問してみましょう。

Q3. 自分の心のグラスはどのくらい満たされていますか？

→ 人と比べたり、見栄を張ったりせずに、今の自分の状態を知るようにしましょう。

Q4. あなたは、うまくいかなかった時、どのように考えていますか？

→ 心と行動の切り替えのために、まずは言葉から変えてみましょう。

Q5. あなたの気分転換法は何ですか？

→ 落ち込んだ時には、気分転換や「いいこと探し」で心を整えましょう。

5章

余裕のある女性の「未来を創るトレーニング」

夢の描き方

「10年後、あなたはどうなっていたいですか？」

この質問にすぐにすらすらと答えられる人は、どのくらいいるでしょうか。

おそらく、かなり少ないのではないかと思います。

なぜでしょう。その理由のひとつとして、**「ちゃんとした夢」を語ろうとするから**だと思います。

成功した人が過去の体験などを語ることがありますね。若い頃から高い志を持って、きちんと計画性があり、行動を起こして夢を叶えたという話を聞いていると、すごいとは思うけれど、同時に「私には無理だな」と思いませんか？

◆「こうだったらいいな」という姿をざっくりとイメージする

そこで、まずはここからはじめるのがおすすめです。

例えば私の場合、「夢は70歳でピンヒールを履いて人前に立つこと」とよく言っています。

これは、実は以前にテレビで女優の萬田久子さんが同じことを言っていたのです。70歳になってもピンヒールを履いて立つために筋トレをしているという話を聞いて、「これだ！」と共感したのです。

これを言うと、**まわりの人の反応がこれまたいいのです。**「大嶋先生、絶対できますよ！」「先生かっこいいです！」などなど。**その言葉と笑顔からさらにその気になって、モチベーションが上がります。**

きちんとした夢を描くのももちろんいいのですが、**イメージがわきやすい身近な夢**はまわりも巻き込めて一石二鳥なので、思い切って宣言するのもおすすめです。

◆夢は人から質問してもらうと考えやすい

研修ではよく「未来質問」というワークをやっています。

これはふたりでペアになり、ひとりが質問する人、もうひとりが質問に答える人になって、夢を語るというものです。時間も1回2分程度と短く簡単です。

このワークのよさは、**自分でも思ってもいなかった夢が出てきやすい**ということ。

例えば、2分間、ひとりで紙に向かって将来の夢を考えても、ほとんどの人が思いつかずに終わると思います。でも、人から質問されると、私たちは無意識に答えようとするのです。このワークのルールとして、答える時は**「0・2秒で即答する」**というものがあります。考えすぎると「できない理由」を思いついてしまうからです。

私もかつて、これでたくさんの夢を語りました。

「自分の研修会社を興してたくさんの人を元気にする」
「書籍を出版してたくさんの人に〝きっかけ〟を届ける」
「かつての自分のように悩んでもがいている女性の活躍を後押しする」

実は、これらを語った時は、何の根拠もありませんでした。

むしろ、**口にした自分が驚いたくらい**。でも、**口にする回数が増えるにつれて、少しずつ自分の中の気持ちが明確になってきた**のです。そして、まわりも応援してくれたり、情報をもらえたりして、気づいてみると、このほとんどが叶いました！

まずは信頼できる友達と夢を質問し合うことからはじめてみませんか？

◆夢は進化していい

先ほども述べたように、最初から完璧な夢ではなくて、**まずは思いついたところか**

らでもいいのです。

夢は口にし続けていると自分の中で想いとして育っていきます。ところが言い続けていた夢について、ある時期から少しずつ自分の中に違和感が生まれることがあります。

私は、それは「**夢が進化する時期を迎えた**」ということだと考えています。

考えてみれば当たり前のことですよね。人はどんどん成長し変わっていきます。私自身も講師生活20年を超えましたが、駆け出しの頃の自分、独立を決めた時の自分、今の自分はまったく違います。その時々に口にしていることも違います。

例えば、食べ物はしばらく食べていなければその変化に気づかないけれど、食べ続けているうちにそろそろ油物は重たいなと気づきます。洋服も実際に着て鏡の前に立つことで、うーんちょっと似合わないな、好きじゃなくなったなと気づくのです。でも、タンスにしまったまま、袖を通さなければいつまでも気づかないままです。

同じように夢も口にし続けるからこそ、自分の変化・進化に気づくことができるのです。

「今さら」の人生から「今から」の人生へ

◆言葉には大きな力がある

夢を口にする時に気をつけたいことがあります。
それは**「いい言葉を口にする」**ことです。
いい言葉とは、ざっくり言うと口角が上がる言葉、すなわちプラス言葉です。
なぜこんなことを言うかというと、人は言葉に大きな影響を受けるからです。
では、ここで質問です。

「あなたが昨日1日に発した言葉をざっくり分けると、プラス言葉とマイナス言葉、どちらが多かったでしょうか？」

実は、多くの人はマイナス言葉のほうが多いものです。人はそもそも、約7割がマイナス思考とも言われます。生き物である以上、最大の本能は「死んだらいけない」ですから、危険やストレス、不快なことに反応するようにできています。そのため、口を開くとついマイナスのことを言いやすいのです。例えば、天気がその典型。雨が降るだけで、「今日も雨、嫌だよね」なんて会話が増えませんか？

そんな時は、マイナス言葉をプラス言葉に変えてみましょう。

マイナス言葉：「今日も雨、嫌だよね」
⬇
プラス言葉　：夏なら「雨のおかげで少し涼しくなったね」
：春なら「雨のおかげで今日は花粉が少なくて楽だね」

言葉をプラスに変えるだけで、自分もまわりも気持ちが前に向きやすくなります。

◆今さらの「さ」を、今からの「か」にすると人生が変わる

これは私の師匠だった人がいつも口にしていた言葉です。

年齢でたとえてみるとわかりやすいですね。

私は今51歳です。近い年齢の人と話していると、老眼で目が見えにくくなってきた、そんなに食べていないのに痩せにくいなど、健康やら老化やらの話題に事欠きま

せん。それこそ夢を語ろうとしても、「この年で**今さら**ねぇ、そんなに頑張らなくても」、そんな声が聞こえてきそうです。

ところが、ほんの一文字変えるだけで、驚くほど気持ちが変わるから不思議です。「私、今51歳なの。少なくとも70歳まではピンヒールを履いて人前に立つんだ！　後20年あったら何ができると思う？　**今から**よね！」

私は今、本気でそう話しています。講師になって20年、まさしく折り返し地点にようやく到達したばかり。まさに「今から」だと思うと、ワクワクしてきます。

「もう」➡「まだ」

「今さら」➡「今から」

「でも、だって、どうせ」➡「だからこそ！」

言葉のチカラは偉大です。自分の中から未来に期待を持てない時こそ、言葉だけでも変えてみると気持ちが後からついてきます。

現実の捉え方の言葉を変えよう

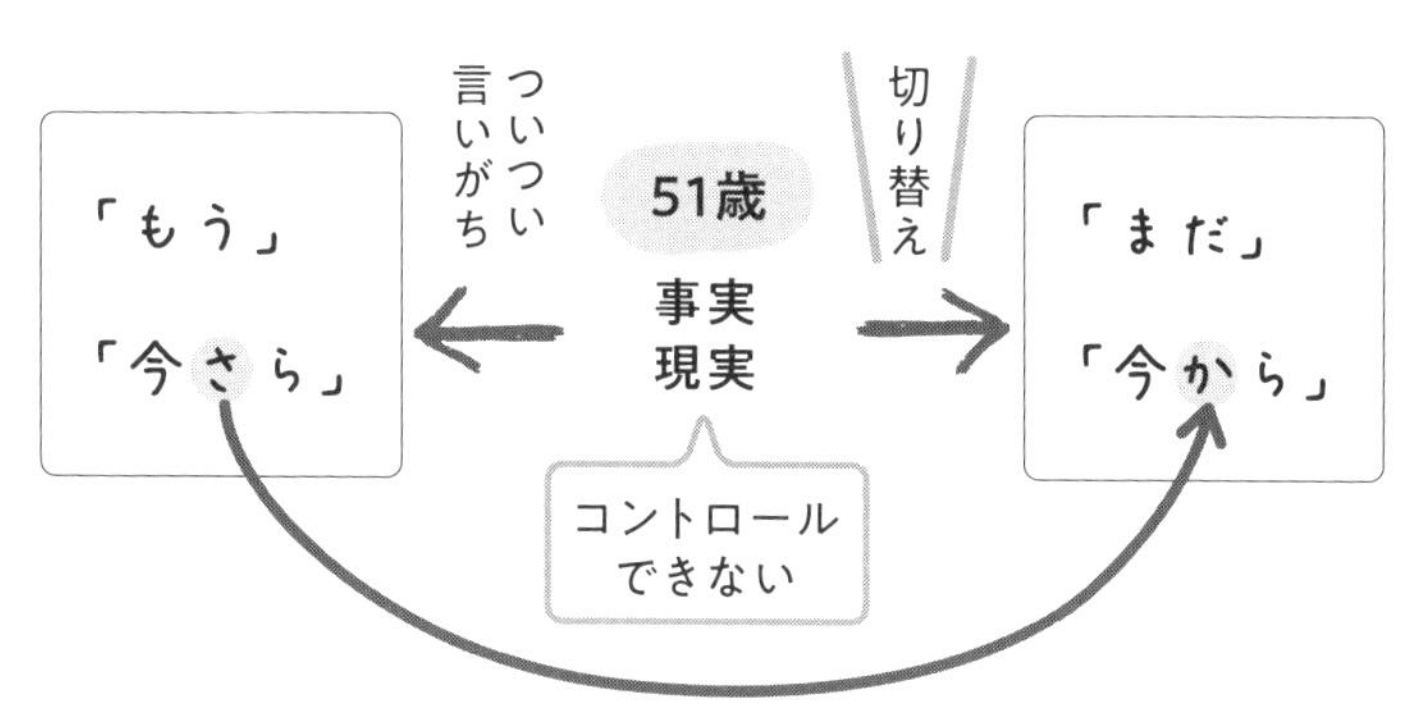

「今さら」の"さ"を"か"に変えると人生が変わる!

◆自分でも笑ってしまうくらいのことを口にしてみよう

ちなみに私のおすすめは、たまには、笑っちゃうくらいのレベルの話を言ってみること。

私のバージョンだと、

「私ね、51歳になったの。四捨五入すると100歳なんだよね。これから先はどれだけ年を取っても同じ! だからこそ、今からよ!」

これを聞いた人は、「そこ?」と突っ込みつつも、「確かに〜」と笑ってくれます。

どうせなら、**笑っちゃうくらい突き抜けたレベルのこと**を言ってみましょう!

自分の思い込みの枠を外すという点からも、一度やってみてください。

◆いい言葉は応援団をつくる

あなたが大好きな人、応援したいと思う人は、いつもどんな言葉を口にしていますか？

私の知り合いの女性で、愚痴や文句などマイナス言葉をよく口にする人がいました。

明るく世話好きで、とてもいい人です。でも、いつ会ってもマイナス言葉を口にしていました。心配性ゆえに、いつでも物事をマイナスに捉え、起きてもいない将来の心配をし、自分の子供についての欠点を嘆いていました。

まわりの人も、最初は共感し、慰めたり励ましたりしながら聞くのですが、次第にしんどくなり、その人を誘う場面を限定したり、中には敬遠する人もいました。

やはり、**前向きで元気が出る言葉を言う人に人は集まり、応援したくなります**。

そんな変化を遂げた知り合いもいます。

彼女は最初に出会った時は、落ち込んでいたのか正直とても暗い雰囲気で、口を開

く と 愚痴、文句、人をうらやましがる言葉ばかりでした。

ところが、あるきっかけを経て、自分の夢に向かって頑張りはじめたのです。

やったことがなかったブログを書き、SNSにもこまめに発信し続けました。まわりの人との縁を大切にかかわり続け、プラス言葉を口にし続けたのです。その結果、今、彼女を応援する人は全国にたくさんいます。彼女のファンだと言う人もいます。


変わってからの彼女しか知らない人は、愚痴やマイナス言葉ばかり口にしていた姿なんて、想像もできないと思います。言葉は人の印象も大きく変えてしまうのです。


夢を叶えるためには、人から応援されることは大きな力になります。

意識していい言葉を口にしていると、応援団が増えます。

そして、**プラス言葉は自分自身に対しても、やる気と元気を引き出してくれる効果があります**。


あなたは、まわりの人へ、自分へ、どんな言葉を贈りますか?

まずはとことんやってみる

「えー、聞いてないよ。思ってたのと違う……」

初めて社会に出た時、こう思う人はたくさんいるでしょう。かく言う私もそのひとりでした。

海外旅行をイメージして旅行会社に入社してみたけれど、配属されたのは修学旅行担当の部門。この業界で初めての女性の営業職と言われたものの、世間にも会社にも戸惑い、女性としてたくさんの壁にぶち当たっていったのです。

世の中には、星の数ほど仕事の種類があり、今もなおそれは増え続けています。

そんな中から自分らしさを活かせるぴったりの仕事に最初から出会えるなんて奇跡のような確率だと思いませんか？

恋愛で初めてつき合った人が自分にとっての理想の相手だったようなものでしょう（こちらのほうが確率的にはずっと高いかもしれません）。

す。

◆とことんやると仕事の本質がわかってくる

仕事の本質や神髄は、ある程度やってみたからこそわかってくることが多いものです。

私も仕事の面白さがわかってきたのは、入社3年目くらいだったと思います。それは、自分で契約したお客様と行く初めての修学旅行でした。少し説明すると、私が当時担当していた中学生の修学旅行というのは、1年生の時に契約をします。そして、実際に修学旅行に行くのは3年生の時。つまり私が入社した年に契約した学校が修学旅行に行くのは、自分が3年目になった年だったのです。

この時に、営業としてのお客様との関係、もっと言うとお客様にとっての自分の立ち位置が大きく変わったなと感じました。それまでは、売り手と買い手という関係性だったと思いますし、自分でもそう思っていました。

ところが、修学旅行から帰ってきて、生徒さんの解団式を眺めていた時、学年主任の先生からこんなことを言われたのです。

「いい修学旅行だったな。私たち、一緒にいいものをつくったよね。本当にありがとう。これからもよろしくね」と。

この瞬間、私の仕事はお客様と同じゴールを目指しながら、**一緒につくり上げていくパートナー**になることなのだ、と初めてわかったのです。とことんやってみたからこそ、見えてきた景色だったと思います。

どんな仕事でも、その面白さや意義を最初から実感できることは少ないでしょう。もちろん仕事には、向き不向きがないとは言えません。でも、少なくとも、その仕事の本質が何かわかってから、合う合わないを判断しても遅くはないと思います。

ひとつの目安として、**3年はやってみるのもいい**と思います。最初の1年はとにかく仕事が一周することで、ようやく全体の流れがつかめる時期。2年目になると、自分が何をやっているのかがわかりながら、仕事ができるようになります。**3年目くらいになって、ようやく自分の考えなどが活かせるようになりはじめる**のです。

こうしたことから、少なくとも3年間、とことんやってみることで、その仕事についての本質が見えてくる可能性があるでしょう。

◆迷ったら人に相談しながらでも動き続ける

それがわかるくらいのところまで到達するためには、迷ったら人に相談するのもいいですね。**迷うとどうしたらよいかわからなくて、立ち止まりがちだからです。**

かつて、私も迷った時期がありました。私は研修講師として独立してから長年、企業の研修を手がけてきました。それは、企業から依頼を受けて、先方の社員の方に向けた研修をするものです。しかしあることをきっかけに個人向けの講座を増やすことをすすめられ、すっかり迷ってしまいました。なんだかんだ半年くらい悩み、考え続けたのですが、結局答えは出ませんでした。

そんな時に、ある人にそれを相談してみたのです。するとその方の答えは明確でした。「とにかく、何も考えずにひたすら研修してみたらいいんじゃない。振り返ってみた時に、たくさんやっていたほうがきっとやりたいことなんだよ」。

なるほどと思って1年くらいひたすらやってみました。その結果、わかったのです。私がやりたかったのは、企業研修なのだと。

もし、この時、動かないままだったら、結局最後までわからなかったかもしれません。

実は、私の座右の銘は「まず動く」なのです。なのに、迷っている時はすっかり忘れてしまっていたのです。


動けば、必ず何かが変わります。

動けば、必ず何かがわかります。

動けば、必ず何かが身につきます。

動くことによって、あなたは強くなってきます。


まさに、この言葉の通りでした（『まず動く』多湖輝著・高木書房）。

でも、わかっていても、とことん迷った時は動きが鈍くなりがちです。

だからこそ、人に相談することが大事になるのですね。

特に、**女性は自分の中の想いを、しゃべって、聞いてもらって、共感されながら消化したり整理する傾向があります。**

動き続けるためにも、相談できる相手が何人かいてくれると心強いものです。

おすすめは、自分と同じ目線の人、自分よりも年上の人、そして意外かもしれませんが、自分よりも年下の人の意見も結構参考になります。

◆とことんやっていると、出会いが自分のものになる

私は人との出会いは人生を変えると信じています。

限られた人生の中で、どのくらいの人に出会うことができるかが財産の源だと思います。

でも、ここで大切なのは、**出会うだけでは財産にならない**ということ。

まずひとつ目として、**「また会いたいと思ってもらえるかどうか」**です。

つまり、相手が自分に興味を持ってくれるかどうかですね。

何かひとつでもとことんやっている人は、その分野に興味がある人を惹きつけます。もっと言うと、その分野そのものには興味がなくても、〝とことんやっている〟というあなた自身に興味を持ってもらえるかもしれません。

2つ目としては、自分が何かに興味を持ってとことんやっていると、その分野のアンテナが高くなるので、そこにヒットする相手が出てきます。

自分が高めたい分野の専門家だったり、それに詳しい人などに自分が興味を持つので、その人とまた会おうとします。

いずれも、「その人とまた会う」ということが大切なのです。

私の人生を変えてくれた師匠は、この両方が当てはまった人だと思います。

師匠は、営業としてとことんやっていた私の存在、持ち味に興味を持ってくれました。私自身も、驚くほどモチベーションを高めてくれた師匠の存在そのものと影響力、そしてその仕事に惹かれたのです。

すべての出会いが人生に大きくかかわるわけではありませんが、あなたを豊かにしてくれることは間違いないと思います。

とことんやることで、出会いが自分の財産になっていくのです。

失敗して初めてわかることがある

新しいことに挑戦するには勇気がいりますよね。

「失敗したらどうしよう」「うまくできないかもしれない」「人にどう思われるだろう」。数え上げたらきりがないくらい、不安な要素があります。

今、研修をしていると、特に新人をはじめとする若手の皆さんに、この心配を抱えている人が多いなと感じます。

それは、**今の時代の教育が「失敗しない」ように組み立てられている**ことも大きな理由です。転ばぬ先の杖のごとく、丁寧に段階を踏んで進む教育になってきたからです。

でも、振り返れば、**私たちの人生は新しいことへの挑戦の繰り返しでした**。

小学校でも、中学校でも、入学と同時に新しい環境に入っていくことからはじまり、友達も変わり、やったことのない部活に入るなど、たくさんのハードルを越えてきたのです。

入学時は不安だったけれど、勉強や遊びなどたくさんの経験を積んで、卒業してきたわけです。

皆さんの中には、失敗したくないから準備万端に整ってからことをはじめたい、という人もいらっしゃると思います。それもひとつの方法だと思います。でも、準備をいくらしたとしても、失敗を完璧に避けることはできません。

ましてや、**これだけ変化の激しい時代ですから、変わらない、ということは、すなわち取り残されることを意味します**。まわりがどんどん変わっていく中で、自分だけがそのまま変わらないことはできないのです。

とはいえ、心配性な性格は急には変えられませんよね。そういう方のためにも、失敗について少し気持ちが軽くなる考え方をご一緒しましょう。

◆失敗はやり方が違っただけ

では、ここで皆さんに質問です。

全力で頑張ったのに、うまくいかなくて失敗して落ち込んでいる後輩が目の前にいるとしたら、どのように声をかけますか？

私はこんなふうに言ってあげたいと思います。

「失敗はやった人しか経験ができない貴重な財産だよ」と。

そうなのです。失敗は、やった人しか経験できませんよね。あれこれ理由をつけて動かなかった人は、失敗もしないはず。でもそれは、いつまでも変わらないままの自分しかいない、ということでもあります。

では、行動を起こしたこと自体はマルと考えるとしても、それでも結果は失敗ですよね？　これはどのように考えたらよいでしょうか。

その時は、「失敗とは、やり方が違ったということ」と捉えましょう。

・失敗そのものはやったからこそわかった財産である⬇マル！
・次はどのようにすれば失敗しないで済むか⬇やり方を変える！
・次はどのようにやり方を変えたらよいかを考える⬇動ける！

現在、どんなにうまくいっている人でも、最初から何の失敗もしていない人はいません。失敗を失敗のまま終わらせるか、この先の経験として活かすかどうかは自分次第で変えられるのです。

◆今の失敗は将来の幸せのための準備運動

実は、**失敗をたくさんしてきた人ほど、人の育成がうまい**という事実もあります。入社して数年すると、後輩の育成に携わる人も多いと思いますが、失敗をたくさんしてきた人ほど、できない人の気持ちがわかり、経験談も語れるので教え上手の人が多いのです。

私も振り返ると、うまくいかなかった時こそ、学びが深かったように思います。

私は小学校から高校までバレーボールをしていました。全国大会を目指すほどの強豪チームで、才能のある人がたくさんいる中で頑張っていました。ところが、私は身長が156センチしかなく、小学校中学校の時はさらに低かったため、頑張っても頑張ってもなかなかレギュラーになれず、控えの選手として悔しい思いを随分しました。

でも、だからこそ、控えにまわった人がどんな思いでいるのかがわかります。そして、控えの人間のモチベーションを維持するために、指導者がどれほど心を砕いてケアしてくれたかも知っています。

職場もチームである以上、そこにはさまざまな役割があります。そんな中でどの人もみんなイキイキとモチベーション高く頑張ってもらうためには、さまざまな感情が交錯している人たちへの働きかけや、それぞれの強みを活かすことの重要性は言うまでもありません。スポットライトを浴びている人だけではチームはまわらないという現実を学ばせてもらったのは、まぎれもなく控えの存在としての経験だったと思います。

無駄になることなんて、ひとつもありません。

今、失敗という経験をしたとするならば、それは間違いなく将来の自分へのプレゼントになります。先輩になった時、上司になった時、結婚した時、親になった時、どんな時でも自分を支えてくれる貴重な経験となります。

後悔のない選択はない

◆完璧な選択はない

今、いろいろな選択肢を前にして悩んでいる人もいると思います。

・仕事を続けるか、辞めて転職するか
・結婚をするか、しないか（今のパートナーでいいのかどうかも含めて）
・どのタイミングで出産をするか　などなど

人生は選択の繰り返しです。失敗は悪いことではないと前述しましたが、人生の大きな選択ではできる限り失敗したくないと思う人も多いでしょう。

私もそう思います。一方で、**どんな選択をしたとしても後悔は少なからずあるもの**、という点も事実です。

選ぶ段階では、何がベストの選択なのかはたぶんわからないことが多いはず。経験がないことはいくら考えてもわかりません。経験があることだとしても、状況は違うことが多く、**"絶対"はない**ものです。だから、それがよかったかどうかは、普通、後から振り返って判断しますよね。

しかし、結果だけを重視するのではなく、よい選択だったと思えるかどうかは自分次第だと考えましょう。

私も営業の仕事をしていた頃、人生を賭けるほど全力でやっていました。仕事は決して楽ではありませんでしたが、確実に力がつく実感もあり、何よりも大好きなお客様がいてくださって、充実していました。

でも、その一方で限界も感じていました。旅行会社の営業という仕事は、添乗やら早朝の見送りなど、かなり不規則でした。そのため、結婚や出産を迎えた時、同じ状態で仕事ができるとは思えず、当時は制度も整っていなかったので、不安要素でいっぱいでした。

そんな時に、結婚することが決まりました。同時期に信頼していた上司の異動もあり、たくさんの方に相談した上で、私は退職する道を選んだのです。

正直、かなり迷いました。私を信じて契約してくださったお客様を残して辞めていいものかどうか、ためらったのです。

この時点では、次の仕事はまったくの未定でしたが、自分の人生の可能性を考えて、退職する道を選びました。これがまずひとつ目の選択でした。

退職して何の看板も持たない私は、次の選択を迎えました。私は前職時代に受けた研修で知り合った尊敬していた講師（師匠）の下で仕事をしたいと夢を描いていました。でも、弟子になったところで、この業界は実力次第ですから、芽が出る保証はありません。ましてや、講師というのは社員ではなくあくまで個人事業主の立場です。弟子入りと言っても、ただ事務所に所属しているだけで、基本給すらありません。最初は素人同然で使いものになりませんから、あくまで営業のアルバイトとしての存在だったのです。

実は退職後、他の業界の尊敬する方から、「営業として来ないか」と誘いがありました。こちらに行けば、家庭を持ちながらでも安定して仕事ができるという状況で、営業としての経験も活かせる安心感があり、迷ったのです。

◆迷った時の選び方

つまり、私は前職を退職するかどうかで悩み、その後、講師業界に弟子入りするかどうかで悩みました。

そこで思ったことが2つありました。

まずひとつ目は消極的な考え方。それは、**どちらを選んだほうが後悔しないか**という視点でした。どちらにしても、経験したこともなく、いくら考えても判断がつかないのならば、後で振り返った時に、「なぜあの時、こちらを選ばなかったのか」と後悔をしたくないと思ったのです。

人生に〝たら〟〝れば〟はないとよく言われます。それでも迷った時、どちらを選んでも、後になった時に必ず後悔はついてくるものです。だからこそ、少しでも後悔が少ないほうを選ぶ、これもアリだと思います。

2つ目は、積極的な考え方。それは、**どちらを選んだほうがときめくか**です。

『人生がときめく片づけの魔法』(近藤麻理恵著・サンマーク出版)という本がベストセラーになりました。その中で、「捨てるか残すかは『ときめくかどうか』で決める」と述べられています。まさにそれと同じです。要するに、**理屈ではなくて、自分**

の心の反応を重視したのです。こちらを選びたい、ワクワクする、そんな何とも言えない自分の勘のようなものを信じて決めるのもアリだと思います。

これ以降、私は物事を選択する場面では、この2つを基準に決めています。

ここで、もう一度言いますが、どんな選択をしても後悔がまったくない、ということは少ないと思います。だからこそ、大切なのは「自分で決める」ことです。それが一番後悔しない選択につながると思います。

◆「選ばなかったほうに胸を張れるように」と思うとモチベーションになる

では、その後悔に囚われず、少しでもモチベーション高く前に進むために意識したいこともお伝えします。

先ほど言ったように、どんな選択をしても、選ばなかったほうにも、心が残ります。少なからず期待に応えられなかった相手もそこにいます。そんな時は、「その方々に向けて、胸を張っていられるような自分になろう」と思うことにしています。胸を張ってその方々にまたお会いできるように、恥じるような仕事の仕方、生き方はしない、と心に決めるのです。

私は仕事の選択に関して、大変ありがたいことに、今でも退職時・新人講師時代にお世話になった方々とつながっています。

数年前のある時、前職でお世話になった校長先生から連絡をいただきました。

私のFacebookを見つけてくださり、メッセージが届いたのです。

「あなたの活躍をずっと見ていました。あの頃とまったく変わらずに頑張っている姿を誇らしく思います。これまでもこれからもずっと応援しています」と。

うれしくて、ありがたくて、涙が出ました。私の積み上げてきたものは間違っていなかった、と思えた瞬間でした。これ以上のモチベーションはありません。

どんな選択をするのもアリです。選んだほうにも選ばなかったほうにも、胸を張れる自分を目指しましょう。

自分らしさは強みを活かすことから生まれる

「自分らしく働きたい」

これは時代のキーワードのように語られますよね。

一方で、**「自分らしさとは何だろう」**といつも思います。

特に若い頃は、自分らしさというものがよくわからないことが多いでしょう。そこで本項では、自分らしさの活かし方をお伝えします。

◆何か1点でも突き抜ければ選ばれる

まず意識するのは、**選ばれること**。いきなりのようですが、これが結構大事なのです。自分らしくというと「自分の好きなことをする」と思う人もいます。確かに、好きなことが仕事になるというのは、とても素敵なことです。

でも、**好きなだけではだめなのです。それを必要として選んでくれる人がいなければそれは仕事ではなく、趣味になってしまいます。**これは独立した方や自営業の方は意識しているところだと思いますが、会社員でもここを押さえましょう。

そこを踏まえてのおすすめは**「自分の強みを活かす」**ということです。

強みを活かし、自分の得意なことで活躍できたら、ストレスなく、選ばれることにつながっていきます。

私が研修でよく投げかけている質問があります。

「あなたはどんな人と言われたいですか？」

例えば、社内でプロジェクトが立ち上がったとします。そこのメンバーとしてあなたのことを誰かが推薦したとしたら、必ずまわりの人から出る質問があります。

それは、「その人ってどんな人？」というものです。

その時に、**「あなたはどのように自分のことを紹介してもらいたいか」**、この内容が自分の持ち味であり、強みなのです。

ちなみに、手前味噌ですが、私もその大切さを実感することがあります。

大変ありがたいことに、私を仕事で紹介していただくことがよくあります。その時にお客様の多くがおっしゃる言葉。

「モチベーションと言えば、大嶋先生しか思い浮かばなかった」

なんてうれしい言葉でしょう。とても抽象的ですが、これが最も私の持ち味を表わす言葉でもあると思います。知識やスキルを教える講師はたくさんいるけれど、モチベーションを高めることができる講師はほとんどいないとお客様からよく言っていただきます。これが私が選ばれている理由です。

しかし、「人が自分の強みを口にするのは、就職活動が最後」とも言われます。就職活動の面接では、自分の強みを堂々と語るのに、入社すると途端に、「ここが苦手だから、何とかしないと」なんて、弱点に目を向けやすいものです。

それはなぜかというと、**私たちはまわりとの比較で自分のポジションを確認しがち**だからです。まわりの人はできているのに自分だけできない、なんてことがあったら焦りますよね。その気持ちはよくわかります。

では、逆に考えてみてください。

まわりの人とすべて同じように、平均的にできたとした時、果たしてあなたは選ばれるでしょうか？

おそらくその答えはＮＯです。誰にでもできることなら、あなたを選ぶ理由にはなりません。さらに言うと、近い将来、誰でもできる仕事の多くは人工知能にとって代わられる可能性があります。

だからこそ、〝あなたがやる意味〟を考えることが大切で、それを実現することがあなたの強みを発揮するということなのです。

◆強みの見つけ方

では、自分の強みはどのように見つけたらいいのでしょうか。

①子供の頃からできていたこと、人からよく言われたことなどをあげてみる

抽象的なこと（元気がいい、明るいなど）でも、具体的なこと（夏休みの宿題は計画を立てて終わらせていた、手先が器用など）でもいいので、とにかくたくさん書き出してみてください。

子供の頃からの性質は、もともと持っている自分の強みであり、無理せず普通に発揮できていることが多いので、これを活かせると、自分も一番気持ちがいいと思います。

②逆に、これだけは苦手だ、やりたくない、ということもあげてみる

人によっては、こちらのほうが書きやすいかもしれません。

自分がどうしても好きになれないことを仕事としてやらなければいけないのは、かなりのストレスです。もちろん、すでに勤めている人は簡単には仕事内容を変えることはできませんが、わかっていれば今後に向けて対処することはできます。

③これまでの仕事で身につけたことをあげてみる

これは仕事上、経験を積んだり、勉強するなど、努力して身につけたものです。その中には、できるけれど好きかどうかは別、ということもあるでしょう。そういうものは、あくまで「できること」としてカウントしてみてください。

気をつけたいのは、人によっては、これを自分の真の強みと勘違いして、ここを活かして独立してしまうこともありますが、それは危険です。できたとしても、好きではないことに全力を傾けて毎日頑張るのはつらいからです。

強みの見つけ方の参考までに、自分でなかなか思いつけない人は、タイプ分析・性格分析などを行なってみるのもいいと思います。いくつもの質問に答えていき、その答えによって分析していくというものです。自分を理解する手がかりとして有効です。

ただし、人はそんなにきっぱりとタイプ通りではありませんから、あくまで参考として活用することにしましょう。

◆自分らしさは価値観を満たすことでもある

あなたにとって、**「これだけは譲りたくない」**という大切にしたいことは何でしょうか。これを価値観と呼びますが、これに正解はなく、人によってかなり異なります。


私の研修でも「価値観カード」というもので、自分が大切にしている想いやこだわりを引き出し合うエクササイズをすることがあります。

ある時、こんなことがありました。カウンターセールスの職種に就く若い女性が選んだ価値観は、「成長」と「成果」でした。彼女は、自分が力をつけて成長すること、そして仕事の成果を出すことが何よりも大切だと言っていました。

ところが、上司は彼女を女の子扱いして、難しい仕事も残業もほとんどさせていませんでした。そのため、彼女はその環境にモチベーションが下がると悩んでいたのです。

このケースでは、もし「無理をせずほどほどに働きたい」「仕事よりもプライベートを充実させたい」と思う人であれば、こんなストレスは感じないでしょう。つまり、価値観とはその人その人によって大きく違うのです。

この**価値観が毎日の仕事の中でまったく満たされない状態が続くと、かなりモチベーションが下がりやすくなります。**

モチベーションの高め方とその維持は、多くの人が持つ悩みでもあります。その解決にも役立ちますので、ぜひ考えてみてくださいね。

リバウンドフリー
―昔の私に戻らない―

◆三日坊主で終わらせない私になる

ここまで、自分の未来を創るための考え方や行動の仕方などをご紹介してきました。次に、新しいことをはじめようとした時に、それを三日坊主に終わらせないためのコツがあります。

それは、**「21日間やり続ける」**ということ。

脳というのは形状記憶作用が強く、そもそも変わるということを好まないのです。そのため、新しいことをはじめようとしても、すぐに元に戻ってしまいます。でも、せっかく一歩を踏み出すのなら、そのままなりたい私に向かって、進んでいきたいですよね。

「新しいことは21日間やり続けると習慣になる」と言われています。つまり、3週間です。筋トレも最初こそ、慣れなかったり、筋肉痛になったりしますが、3週間も続けられたらそれが自分にとっても当たり前になっていきます。

新しいことをはじめた時、それが面倒になったり、違和感を感じることがあっても、一時的に筋肉痛になっているのだと思って、まずは続けてみてください。

やり続けてみて、それでも違うと思ったら、そこでやめて、他のことに変えてみてもいいと思います。まずは合っているかどうかを確かめてみることです。

◆変わるうれしさが実感できると加速する

ちなみに、私はかなりの三日坊主を自覚しています。そんな私でも続けられる時には、ひとつの条件があります。それは**変わっていくことが実感できる、そしてそれがうれしいこと**です。

ダイエットもそうですよね。目に見えて体重が減る、これまで入らなかった洋服がすっと入るようになったりすると、がぜんやる気になるものです。

私の最近のものだとボイストレーニングです。

もともと声が大きく、よく通ると言われていました。しかし、声も年齢と共に衰えるのです。声帯も歯茎も腹筋も衰えます。若い時に比べて滑舌が今ひとつだったり、声も通らなくなってきたと感じることが増えてきました。

何よりも、大好きな歌が気持ちよく歌えないのがストレス。そこで一念発起してボイストレーニングに通い出したのです。

日々忙しい中、その時間を確保するのはなかなか大変です。でも、研修で話している時、歌っている時、確実に声が出るようになってきたことが実感できるのです。自分が思った通りに、声が出せるのはとても気持ちがいい！　そのうれしさがモチベーションとなって、毎月通い続けています。

何かを続けるためには、自分の心がうれしくなるというご褒美があるといいですね。それが**やる気を引き出すスイッチ**です。ぜひ、些細なことでも自分が変わる実感を大切にしてみてください。

Let's answer the question.

Q1.「将来、こうだったらいいな」という姿を描いてみましょう。

→ 立派な夢でなくていいのです。プライベートの身近なことでもイメージしやすい夢で言葉にしてみましょう。

Q2. 最近言ったマイナス言葉をプラス言葉に変えてみましょう。

→ 言葉の力で、自分やまわりの人の元気を引き出しましょう。

Q3. これまでに失敗からどんなことに気づいたり学んだりしましたか?

→ その経験は、間違いなくあなたを支えてくれるものになります。

Q4. 選択に迷った時、あなたは何を基準に決めますか?

→ 選んだほうにも、選ばなかったほうにも、胸を張れる仕事をしましょう。

Q5. あなたはどのように自分のことを紹介してもらいたいですか?

→ その答えを自分の強みとして伸ばしていきましょう。

おわりに

先日、仕事の帰りにいつもと違う道を歩いてみました。最寄駅から自宅までは2キロほどあるので、普段はバスに乗っているのですが、その日は気持ちのよいお天気で、歩いてみたくなったのです。

歩いてみると、驚くほど気づくことがたくさんありました。

「こんなところにこんなお店があったんだ」
「一本通りを入っただけで、とても静かで鳥の声が聞こえる」
「この道は、まるで違う街を歩いているみたいな景色」

何よりも、まわりを楽しみながら歩いている自分の中に、ちょっとゆっくりとした時間が流れていました。

まさに自分の中に〝余裕〟が生まれた瞬間でした。

本書では、たくさんの「余裕のある自分」になるための考え方や行動のヒントを紹介してきました。

「はじめに」では、〝顔を上げることで見える景色が変わる〟と書きました。
ここまで読んでくださった皆さんは、今、何を思っているでしょうか。

・「何からやってみようか」と、ちょっと意欲がわいている方
・まだ「うーん……」とモヤモヤしている方
・頭ではわかったけれど、実際にできるかどうか自信がない方

すぐに行動に移せる人を除いては、多くの方は「わかっちゃいるけど難しい……」と思っているかもしれません。

でも、今この瞬間、あなたの頭の中も、心も、動きはじめているのです。
何もしなかったら、きっとそんな気持ちにならなかったのではないでしょうか?
本を手に取って、読んでみた。それだけでも大きな一歩です。
どうぞ動きはじめた自分に〝大きなマル〟をつけてあげてください。

実は、私たちが求めている〝余裕〟をつくることはそれほど難しいことではなく、

ごく身近なところにそのきっかけが転がっていることがあります。

余裕をつくるために大切なことは、**「いつもと違うことをやってみる」**こと。

帰り道を少し変えてみるように、ごく当たり前になっているいつもの習慣を少しだけ変えてみることは、思った以上に新鮮で効果的です。

ささやかな〝いつもと違うこと〟は余裕をもたらすきっかけになります。


そうして、いつもと違うことをすると、まわりの人が驚くことがあります。

例えば、意識していい言葉を口にするために、家族や会社の人に向かって、「いつもありがとう！」と言ってみる。

すると、おそらくこんな反応が返ってきます。

「ねぇ、どうしたの？　何かあった？」

そんな時は満面の笑みでこう答えてみてください。

「うん！　私、変わったの！」

思わず吹き出しながらも、間違いなくまわりは笑顔になることでしょう。よい方向に変わることにためらいはいらないのです。

いつからだって私たちは変われます。

そのためにも、まずは〝気づく〟ことからはじめましょう。

今、あなたはどんな気持ちですか？

今、あなたはどんな表情をしていますか？

そして、動ける時には動いてみましょう。

動くことによってしかわからないことがたくさんあります。そのためにはいつからでもいいので、気づいたらまず小さな一歩からはじめてみるのがおすすめです。

先日、ある会で、私と同じ会社出身という女性と偶然に出会いました。その方は、30代でしたが紆余曲折を経て、やりたいことを見つけて、それに向かって全力で学んでいるところでした。

まさに、動いたからこそ、次のステップが見えてきたという状態でした。

彼女は私よりもひとまわり以上若かったのですが、そのたたずまいからは何とも言えない落ち着きと余裕を感じました。変な焦りや迷いがなく、自然体だったのです。実際には毎日大忙しだと思います。それでも余裕を感じたのは、彼女が自分の状態に気づいた上で、動いているからだと思います。

そんな彼女を見ていて、素直に「いいな」と思いました。そして、応援してあげたいと思いました。

どうぞあなたも自分の可能性を信じてください。

そして振り返った時、もがいた自分も、頑張った自分も、全部まるごと笑顔でぎゅっと抱きしめられる、そんな人生を手に入れることを心から願っています。

前著『女性部下のやる気と本気を引き出す「上司のルール」』（同文舘出版）を出版した時、多くの受講生の女性から、「先生、私たちに向けて書いた本もほしいです！」という声をたくさんいただきました。

今回、その声が糧となって、彼女たちに届けられることを本当にうれしく思います。

執筆にもがく私を常に励まし、あきらめずにここまで導いてくださった担当編集の津川さん、温かく見守り励ましてくださった古市編集長に御礼申し上げます。

その他、本当にたくさんの方からご協力、ご支援をいただきました。心より感謝申し上げます。

本書が、自分をあきらめたくないたくさんの女性の力になりますように。

２０１９年11月

大嶋博子

著者・大嶋博子　情報ページ

株式会社リードポテンシャル

ホームページ

https://leadpotential.co.jp

＊プレゼントPDFの応募はこちらのお問い合わせからお願いします

Facebookページ（大嶋博子）

https://www.facebook.com/hiroko.genki-wakuwaku/

コロナを経て、時代はどんどん変わる中で心の余裕を求める声はますます高まっています。

本書に書ききれなかったエッセンスや、今の時代のリアルタイムなヒントをホームページやブログで公開しています。ぜひご覧ください。

●本書をお読みくださった皆様へプレゼント●

「"心の余裕"をつくる!　毎日の7つの習慣」PDF

上記ホームページ内の「お問い合わせ」よりご連絡ください。

記入いただきましたメールアドレスへお送りさせていただきます。

ホームページ「お問い合わせ」→「その他」をチェック。「お問い合わせ内容」に【PDF 希望】とご記入ください。 合わせて本書のご感想やお悩みなどもお待ちしております。


本書をきっかけとして、あなたの毎日に心の余裕が訪れますことを願っております。心からの感謝を込めて。

株式会社リードポテンシャル　代表取締役　大嶋博子

著者略歴

大嶋博子（おおしま ひろこ）

株式会社リードポテンシャル　代表取締役

大学卒業後、大手旅行会社で旅行業界の女性営業職第一号として修学旅行を中心とする団体旅行の営業に従事し、企業での女性活躍の場を切り拓く。

その後研修業界に転じ、企業研修の講師となる。講師歴21年、年間およそ200回の研修講演を行ない、これまでの受講人数は8万人を超える。

2012年独立起業し、株式会社リードポテンシャルを設立。やる気を引き出すモチベーションアップを得意分野とし、楽しく笑いの溢れる中にも核心をついた研修は、受講生が元気になり表情と行動が変わると評判を呼んでいる。特に自分自身の経験を活かした女性向けの研修は、キャリアや人間関係に悩む女性から深い共感を呼び、多くのファンを持つ。

著書に『女性部下のやる気と本気を引き出す「上司のルール」』（同文舘出版）がある。

株式会社リードポテンシャル　https://leadpotential.co.jp

モヤモヤした悩みから抜け出そう！

“心に余裕がある女性”の仕事のルール

2019年12月19日　初版発行

2024年 5 月17日　2刷発行

著　者 —— 大嶋博子

発行者 —— 中島豊彦

発行所 —— 同文舘出版株式会社

東京都千代田区神田神保町1-41　〒101-0051

電話　営業03（3294）1801　編集03（3294）1802

振替00100-8-42935

https://www.dobunkan.co.jp/

ISBN978-4-495-54051-7

印刷／製本：三美印刷

Printed in Japan 2019